FINANCER L'ENTREPRISE DANS L'ESPACE OHADA

QUELQUES IDÉES POUR LE DÉVELOPPEMENT DES ÉTATS AFRICAINS

Préface du Prof. agrégé KASSIA Bi Oula Joachim

CLAUDE GARRIER

FINANCER L'ENTREPRISE DANS L'ESPACE OHADA

QUELQUES IDÉES POUR LE DÉVELOPPEMENT DES ÉTATS AFRICAINS

Préface du Prof. agrégé KASSIA Bi Oula Joachim

L'Harmattan

Du même auteur

Défense des populations et développement – un enjeu de la Banque mondiale, 1998, 169 p.
Le millefeuille ivoirien – un héritage de contraintes, 2005, 345 p.
L'exploitation coloniale des forêts de la Côte d'Ivoire - Une spoliation institutionnalisée, 2006, 256 p.
« Diaspora et voyages : deux richesses des Africains », *in L'Afrique, histoire d'une longue errance ?*, 2007, 235 p.
Forêt et institutions ivoiriennes - La forêt, miroir des pratiques ivoiriennes, 2007, 397 p.
Côte d'Ivoire et zone OHADA – Droit foncier urbain et gestion immobilière. 2007, 290 p.
« Y a-t-il une vérité en Histoire ? », *in Décolonisation de l'Afrique ex-française : Enjeux pour l'Afrique et la France d'aujourd'hui* (coord. Alexandre Gerbi), 2010
Cruelle Côte d'Ivoire, 2011, 141 p.
Préface de *Le messager du crocodile*, Philippe LAVAUD (2013, 180 p.)
Préface de *Droit des transports maritimes*, Jean-Claude DAKOURI (2014, 284 p.)
Géostratégie des entreprises – Propositions pour la zone OHADA (2014, 363 p.)
« Enseignement industriel et supérieur pour le développement », *Cahiers de l'IREA* n° 3, juin 2016, pp. 177 à 201
« Liberté et sécurité », *Cahiers de l'IREA* n° 1, mars 2016, pp. 133 à 188
« Etat, peuple et territoire », *Cahiers de l'IREA* n° 1, mars 2016, pp. 103 à 132

5-7, rue de l'École-Polytechnique ; 75005 Paris

http://www.librairieharmattan.com
diffusion.harmattan@wanadoo.fr
harmattan1@wanadoo.fr

ISBN : 978-2-343-09590-5
EAN : 9782343095905

L'AUTEUR

Claude GARRIER porte un intérêt particulier aux concepts libéraux élaborés par les Écoles de Vienne et de Fribourg-en-Brisgau et aux applications qui en sont faites.

La chute de l'Union soviétique (1991) lui a montré la fragilité d'un très puissant État où l'étatisme et l'État-providence étaient les bases du consensus national.

L'auteur a constaté, comme l'avait écrit Ludwig von Mises, que « toute intervention [de l'État] sur le marché est contreproductive et crée des problèmes supplémentaires, alors qu'elle est sensée les corriger » (Hans-Hermann Hoppe, « L'école autrichienne et son importance pour la science économique moderne », pdf).

Cherchant les fondements du « miracle allemand », l'auteur les a trouvés dans le fonctionnement d'entreprises conscientes d'appartenir à un ensemble national, leur liberté économique, la participation des salariés à leur gestion, le rôle de l'État qui interdit monopoles et cartels (*Konzern*) et qui n'a institué que tardivement un salaire minimum fédéral, laissant aux agents de l'économie le soin de concilier les intérêts en présence.

Consultant international, il enseigne depuis 1998 à l'Université Félix Houphouët-Boigny et au Groupe CSI-PP, école d'ingénieurs d'Abidjan, à des étudiants préparant « master II » ou « Master of Science ». Il axe sa réflexion sur le management des entreprises, appliqué à celles de cette zone, plus particulièrement sur les dispositions juridiques propres à en favoriser la croissance et donc un réel développement du pays.

Il est docteur en Droit et expert-comptable. Il vit depuis trente-cinq ans dans des pays de l'espace OHADA.

À feu Soundélé KONAN, directeur
général de la SODEFOR, qui
accueillit l'auteur en Côte d'Ivoire
à l'été 1988.

SOMMAIRE

PRÉFACE du Prof. agrégé KASSIA Bi Oula Joachim

> « L'homme est une machine si composée, qu'il est impossible de s'en faire d'abord une idée claire et conséquemment de la définir. C'est pourquoi toutes les recherches que les plus grands philosophes ont faites a priori, c'est-à-dire en se servant des ailes de l'esprit, ont été vaines. » (La Mettrie, *L'homme Machine*, 1748)

L'ouvrage rédigé par le Docteur Claude GARRIER, intitulé : *Financer l'entreprise dans l'espace OHADA*, concerne les États de l'Organisation pour l'Harmonisation en Afrique du Droit des Affaires, soit dix-sept États.

Mais plusieurs propositions faites par l'auteur, dépassent ce cadre, comme le montre le sous-titre, *Quelques idées pour le développement des États africains*. Ainsi en est-il notamment de diverses solutions avancées dans les deux premiers chapitres pour offrir aux firmes l'environnement nécessaire à leur plein épanouissement.

Le premier chapitre, « Une forme d'État qui tient compte des particularités locales », propose plusieurs réformes dont la plus importante est d'ordre institutionnel. Il s'agit, pour chacun des États concernés, d'adopter la forme d'un État fédéral. L'auteur déplore que les pays anciennement colonisés par la France aient copié la constitution française de 1958 « qui instaure un régime de monarchie absolue à durée déterminée… ». Le choix du fédéralisme permettrait d'accorder une grande autonomie aux régions, ce qui favoriserait leur développement. Ce système politique permettrait également de préserver les particularités locales.

On peut penser que les développements sur ce point ne laisseront aucun lecteur indifférent. Si de nombreux observateurs admettent avec Claude GARRIER, que le système politique du type de celui de la France, est inadapté aux pays africains, il n'est pas certain que la solution du fédéralisme recueille de nombreux suffrages dans les pays considérés. Le cas du Nigeria, État fédéral (hors OHADA) qui connaît un développement relatif est-il probant ? À chacun de juger.

Quoi qu'il en soit, le but de l'auteur, qui constitue un mérite, est de proposer la sortie des sentiers battus d'un système politique qui paraît peu propice au développement, d'autant plus qu'il ne correspond pas à la culture africaine. Il s'agit pour l'auteur, d'abandonner un régime de centralisation du pouvoir.

Cette dernière question est surtout développée dans le deuxième chapitre de l'ouvrage. L'auteur y dénonce les monopoles accordés à des entreprises dans certains secteurs de l'économie. Pour lui, « l'absolutisme administratif en vigueur dans l'espace OHADA, est pire que celui contre lequel furent soulevées les révolutions de 1789, 1792 et 1793 » (p. 80).

L'auteur se veut objectif ; et malgré son origine européenne, il ne manque pas de relever les insuffisances des accords d'investissement conclus entre certains États africains et d'autres d'Europe ou d'Amérique du Nord (pages 102 et suivantes).

L'auteur est docteur en Droit ; sa thèse porte sur un aspect de l'histoire des institutions de la Côte d'Ivoire. Il consacre de nombreux développements du chapitre 2 au concept de l'État de droit dont les origines sont rappelées et les implications mises en lumière. L'ouvrage souligne à juste titre, que le concept postule une véritable séparation des pouvoirs et surtout la promotion des initiatives privées. Cette dernière considération lui permet de relever que l'OHADA laisse peu de place à l'expression des volontés individuelles, en particulier dans l'Acte uniforme relatif au droit des sociétés commerciales et du groupement d'intérêt économique. Plus généralement, Claude Garrier déplore le caractère excessivement détaillé des Actes uniformes de l'OHADA, expression d'une grande lourdeur administrative.

Des modes de financement d'entreprises sont proposés dans les deux derniers chapitres (chapitres 3 et 4).

Dans cette partie de l'ouvrage, l'auteur propose de compléter l'Acte uniforme sur les sociétés commerciales et le GIE, au moyen de quelques procédés de financement.

Les solutions avancées à cet égard concernent essentiellement le secteur immobilier et le versant immobilier des entreprises industrielles, hôtelières ou de santé. Il s'agit notamment de mettre en relation des investisseurs désireux de réaliser un placement en toute sécurité et des immeubles correspondant aux besoins des seconds, ces derniers étant dispensés d'immobiliser des sommes importantes dans l'achat d'un immeuble.

Tout particulièrement, l'auteur propose l'adoption de mesures destinées à admettre les sociétés civiles de placement immobilier (SCPI) et les sociétés anonymes de placement immobilier (SAPI). La particularité de ces sociétés est qu'elles puissent faire un appel public à l'épargne.

À défaut de pouvoir être accueillis dans un Acte uniforme OHADA, certains procédés de financement présentés dans l'ouvrage, pourraient être utilisés à un niveau national.

À travers ses propositions, l'auteur veut inciter à la mobilisation de l'épargne populaire. Il s'agit là d'un moyen intéressant de financement des initiatives privées ;

il ne semble cependant pas très utilisé dans les États OHADA. Pourtant beaucoup de projets, notamment l'exploitation de brevets, pourraient bénéficier de cette voie de financement. De nombreuses initiatives restent ainsi sans lendemain.

Si les gouvernants mettaient en œuvre les mesures de mobilisation de l'actionnariat populaire, on assisterait à une explosion des initiatives privées, ce qui ne serait pas sans incidence sur le développement des États considérés (espace OHADA). Bien entendu, pareille entreprise suppose également l'adoption de règles destinées à protéger les épargnants-investisseurs.

En matière de financement, les promoteurs de projets et les nombreux propriétaires de brevets (les demandes en furent peut-être déposées dans d'autres pays, voire d'autres continents) doivent réaliser qu'ils ne peuvent compter ni sur l'État, ni sur des « bons Samaritains ». Pour valoriser leurs idées, leurs richesses, par une exploitation à grande échelle, ils ont besoin de partenaires qui prennent un risque financier tout en espérant un gain en cas de rentabilité.

Ce livre est une référence. Sous son angle critique, il ouvre la réflexion aux étudiants soucieux de l'émergence politique , économique des Etats de l'espace OHADA avec la participation de la société. Plus généralement, il s'adresse à tous ceux qui s'intéressent à l'Afrique subsaharienne et souhaitent lui donner sa place dans le monde.

KASSIA Bi Oula Joachim
Agrégé des facultés de Droit
Doyen de l'UFR des Sciences juridiques, administratives et politiques de l'Université Félix Houphouët-Boigny d'Abidjan

RÉSUMÉ

FINANCER L'ENTREPRISE DANS L'ESPACE OHADA

Le socialisme-étatisme qui caractérise le système économique français montre ses limites, face au « miracle allemand » qui résulte de l'ordolibéralisme en œuvre dans ce pays depuis 1948.

L'ouvrage propose des solutions juridiques propres à favoriser le dynamisme et donc la croissance des entreprises.

En premier lieu, l'auteur convaincu que la gestion de la cité doit être conçue au plus près des administrés, propose que les États adoptent une forme fédérale.

Il conçoit des outils juridiques nécessaires au financement des entreprises, particulièrement adaptées à celles de l'industrie et des services impliquant de lourds investissements immobiliers.

Enfin, il invite l'OHADA à admettre une forme de financement de l'immobilier favorable à sa croissance rapide par la mobilisation de l'épargne privée.

Après avoir constaté la maigreur des exportations de produits manufacturés (malgré le faible niveau des salaires qui y sont versés, et l'identité de ses langues officielles avec certaines de celles d'Europe et d'Amérique du Nord, l'Afrique n'est pas devenue une « usine du monde » alors que ce lui est nécessaire (Avant-propos), l'ouvrage présente, par comparaison avec l'expérience allemande, la forme d'État qui tient compte des particularités locales (langue, coutumes, etc.) : une République fédérale (chap. 1er). Il expose ensuite les outils juridiques nécessaires à un développement réel, dont des modes de résolution des conflits entre entreprises, mal connus dans l'espace OHADA (chap. 2). Entrant dans le détail, il propose une technique propre à financer l'entreprise sans emprunt ni apport (chap. 3), puis une autre susceptible de financer un immobilier répondant à l'évolution de la démographie (chap. 4).

SUMMARY

FINANCING THE CORPORATION IN THE OHADA AREA

The socialism-state control which is the economic model in France shows its limits compared with the Ordoliberalism in work since 1948, which results in the “German miracle”.

The book proposes some legal solutions appropriate to favor the dynamism and thus the growth of companies.

In the first place, the author convinced that the management of the city must be conceived as closely as possible to the citizens, proposes that States adopt a federal shape.

He designs legal tools necessary for the financing of corporations, particularly adapted to those of the industry and the services which involve heavy real estate investments.

Finally, he invites the OHADA to admit a shape of financing of the real estate favorable to its fast growth by the mobilization of the personal savings.

Having noticed the thinness of the exports of manufactured goods (In spite of the low level of the salaries which are paid there, and the identity of its official languages with some of those of Europe and North of America, Africa did not became a “Factory of the World” while it is necessary for her (Foreword), the work presents, by comparison with the German experiment, the shape of State which takes into account local peculiarities (language, customs, etc.) : a federal republic (chap. 1rst). It exposes then the legal tools necessary for a real development, including some modes of resolution of the conflicts between companies, badly known in the OHADA space (chap. 2). Getting into detail, it proposes a technique appropriate to finance the company without loan nor contribution (chap. 3), then another able to finance a real estate necessary in the evolution of the demography (chap. 4).

SIGLES UTILISÉS DANS L'OUVRAGE

AAA	*American Arbitration Association*
APIE	Accord de protection des investisseurs étrangers
AUDCG	Acte uniforme révisé portant sur le droit commercial général
AUSCGIE	Acte uniforme révisé relatif au droit des sociétés commerciales et du groupement d'intérêt économique
BCEAO	Banque centrale des États d'Afrique de l'Ouest
BEAC	Banque des États d'Afrique centrale
BRVM	Bourse régionale des valeurs mobilières
CCI	Chambre de commerce internationale
CCJA OHADA	Cour Commune de justice et d'Arbitrage de l'OHADA
CEDEAO	Communauté des États d'Afrique de l'Ouest
CIRDI	Centre international pour le règlement des différends relatifs aux investissements
FMI	Fonds monétaire international
ICDR	*International Centre for Dispute Resolution*
LF	Loi fondamentale (constitution allemande)
OHADA	Organisation pour l'harmonisation en Afrique du droit des affaires
PECO	Pays d'Europe centrale et orientale

PIB	Produit intérieur brut
PIB en PPA	Produit intérieur brut en parité de pouvoirs d'achat
SAPI	Société anonyme de placement immobilier
SCII	Société civile d'investissement immobilier
SCPI	Société civile de placement immobilier
UEMOA	Union économique et monétaire des États ouest-africains
US$	Dollar de l'États-Unis[1]

---

[1] Depuis 1865 et la défaite des États qui voulaient-conserver une structure confédérale (leur armée s'appelait « *Confederate South Army* »), le nom de ce pays est singulier. Les Français liés avec les Sudistes, notamment parce que la Louisiane avait été colonie française jusqu'à sa vente par Napoléon 1er, en 1802, s'entêtent à ne pas respecter la grammaire. Nous refusons cette attitude par respect à l'égard de ce pays. *The United States* ***is*** a singular noun and takes singular verb forms; for example, we say « *The United States is* in the Western Hemisphere ». « It is 1867 and the US is finally emerging as a power in the Pacific » (Stuart Morris, « The Age of Industrialization 1865-1917 – The changing American landscape .», PDF)
« The US has embarked on a military adventure. » (Prof. Michel Chossudovsky, *Towards a World War III Scenario: The Dangers of Nuclear War,* 2014).

AVANT-PROPOS

> « À mesure que croissent et la société et sa complexité, les bienfaits dont un homme peut espérer jouir dépendent moins de ses aptitudes et dons personnels, que de leur judicieuse mise en œuvre ; et nous ne cesserons d'observer d'une part que le repérage des bonnes affectations sera plus difficile, et d'autre part qu'un écart disproportionné se creusera entre individus d'aptitude et de compétences techniques comparables. » (Friedrich Hayek, *La constitution de la liberté*, PDF, p. 64)

Objectif principal de l'ouvrage

Bien qu'elles ne soient pas totalement absentes des relations commerciales internationales, les sociétés africaines n'y occupent qu'une place très étroite. Le niveau de leurs exportations est particulièrement bas.

L'ouvrage propose des solutions juridiques (des règles du jeu économique) propres à favoriser le développement des exportations de produits manufacturés par les nations de l'Afrique subsaharienne.

Méthodologie

Après avoir constaté l'instabilité politique de nombre d'États de l'espace OHADA et les violences qui endeuillent certains, la propension de la plupart des « présidents » à devenir monarques viagers (Congo, Côte d'Ivoire, Cameroun) voire héréditaires (Gabon), l'auteur propose un nouveau modèle constitutionnel, celui que fournit l'Allemagne.

Face à la très grande insuffisance des exportations de produits manufacturés au départ des pays de l'espace OHADA, au regard de leurs importations de tels produits, il cherche dans les actes uniformes de l'OHADA les dispositions sur lesquelles appuyer de nouveaux montages répondant aux nécessités économiques de l'heure :

- Financer une production plus importante de produits manufacturés et conquérir des marchés de la Triade ;
- Financer une importante production d'immeubles bourgeois répondant aux attentes d'une population croissante.

Constats économiques

Globalement, la part des États subsahariens dans le commerce mondial (exportations et importations) diminue de 4 % en 1970 à 2 % en 2005. Le pourcentage dans ces exportations, des produits de base dont les cours subissent d'amples fluctuations, est largement dominant.

La structure des exportations des États subsahariens en relation avec les plus gros États importateurs, en 2006, sont réparties comme suit :

	Chine	UE (quinze)	France	United Kingdom	United-States
A. Pétrole, minéraux et autres matières premières	91,1	61,7	57,3	64,3	90,2
B. Produits agricoles	7,5	24,9	28,4	22,2	3,6
C. Produits manufacturés	1,4	13,5	14,3	13,4	6,2

C/ (A+B)	1,4 %	15,6 %	16,7 %	15,5 %	6,6 %

À titre d'exemple, nous présentons les données de la Côte d'Ivoire[2], le premier pays de l'UEMOA, pour 2013 :

	Importations	**Exportations**
Pétrole et produits miniers	26 %	23 %
Produits agricoles	15 %	49 %
Produits manufacturés	59 %	28 %

Près des deux-tiers des importations portent sur des produits manufacturés, alors que moins d'un tiers des exportations concerne de tels produits. Le détail des données chiffrées est plus parlant encore[3].

[2] Source : Perspective Monde / Université de Sherbrooke.
[3] http://perspective.usherbrooke.ca/bilan/servlet/BMImportExportPays?codePays=CIV

Grandes catégories	Importations kilo de US$	% du pays	% du monde
Produits agricoles	1 913 750	15,11	0,1
Pétrole et produits miniers	3 332 430	26,32	0,08
Produits manufacturés	7 415 790	58,57	0,06
Totaux	**12 661 970**	**100,00**	
Total des produits de base	5 246 180	41,43	
Sous-catégories non-exclusives			
Nourriture	1 846 050	14,58	0,12
Pétroles	3 224 180	25,46	0,1
Fer et acier	279 112	2,20	0,06
Produits chimiques	1 255 440	9,92	0,06
Produits pharmaceutiques	276 663	2,18	0,05
Machineries et équipements de transport	4 727 230	37,33	0,08
Automobiles et pièces	503 877	3,98	0,04
Circuits électroniques et composants	6 649	0,05	0
Bureaux et télécommunications	254 183	2,01	0,01
Textiles	122 331	0,97	0,04
Vêtements	26 731	0,21	0,01

Grandes catégories	Exportations Kilo de US$	% du pays	% du monde
Produits agricoles	6 419 120	49,15	0,37
Pétrole et produits miniers	2 941 590	22,52	0,07
Produits manufacturés	3 698 580	28,32	0,03
Totaux	**13 059 290**	**100,00**	
Total des produits de base	9 360 710	71,67	
Sous-catégories non-exclusives			
Nourriture	5 244 640	40,16	0,36
Pétroles	2 894 630	22,17	0,09
Fer et acier	44 995	0,34	0,01
Produits chimiques	375 380	2,87	0,02
Produits pharmaceutiques	5 052	0,04	0
Machineries et équipements de transport	2 778 774	21,28	0,05
Automobiles et pièces	151 500	1,16	0,01
Circuits électroniques et composants	94	0,00	0
Bureaux et télécommunications	11 621	0,09	0
Textiles	77 060	0,59	0,03
Vêtements	1 498	0,01	0

Pour une vue plus large, nous avons listé les huit pays membres de l'UEMOA auxquels nous avons joint le Cameroun. Nous voulions initialement prendre les pays communs à la CEDEAO et à l'OHADA.

En ont été écartés parce qu'ils disposent d'un système juridique différent de celui de l'OHADA :

- le Nigeria dont, en outre, le poids économique est disproportionné au regard de celui des autres membres (20ème ; PIB en PPA de 972,6 milliards d'US$),
- la Gambie, le Ghana, le Liberia, la Sierra Leone.

Nous avons dû également écarter des pays qui n'offrent pas les informations détaillées dont nous avons besoin sur leur commerce extérieur :

- le Congo, la Guinée (Conakry), la République centrafricaine, le Tchad, la Guinée Bissau bien qu'elle soit membre de l'OHADA,
- le Cap Vert, les Comores ; en outre, leur éloignement et leur insularité pourraient créer une incohérence.

Dans une première approche, on constate, parmi les neuf États retenus, une grande diversité des PIB en PPA et des PIB par habitant.

Le mieux placé est la Côte d'Ivoire (92ème au classement mondial des PIB par PPA). Le plus bas sur la liste est le Niger (141ème). Ils sont très loin des « pays émergents » dont le dernier est le Brésil (7ème mondial en 2013). L'Afrique du sud qui fut rajoutée à la liste établie par la banque *Goldman Sachs*, est le 29ème mondial[4] (PIB en PPA, FMI, 2013) ; son PIB en PPA est de 662,6 milliards d'US$; son PIB en PPA par habitant est de

[4] Alors que le Nigeria, écarté de cette liste, est 20ème mondial.

6 621 US$. Un *benchmarking* élémentaire impose de s'inspirer des solutions appliquées par les cinq premiers pays émergents, particulièrement le Brésil.

Sauf en Côte d'Ivoire (9,85 %), les exportations de produits agricoles ne représentent qu'une faible fraction du PIB : ailleurs, ces exportations ne représentent pas même 3 % du PIB en PPA. De même les exportations de produits manufacturés (qui sont le moteur de la croissance de la Chine et de l'Inde) ne représentent qu'une faible fraction du PIB en PPA. Le taux le plus élevé est celui du Togo, avec 6,90 %. Très insuffisant. En 2013, 23,3 % du PIB de la Chine était composé de produits manufacturés exportés. La même année, 31 % du PIB de l'Afrique du Sud était composé de produits manufacturés exportés. Au même moment, l'Allemagne (4ème mondiale des PIB en PPA) exportait sous forme de produits manufacturés, 45,5 % de son PIB en PPA ; la France n'exportait que 28,5 %.

Nous cumulons les productions agricoles et les exportations de biens manufacturés, rappelant que la rentabilité des productions agricoles est faible alors que celle des biens manufacturés est d'autant meilleure que le producteur est proche de la consommation finale.

Des neuf pays que nous avons retenus, la Côte d'Ivoire est le mieux placé puisque la somme de ses exportations agricoles et de produits manufacturés, représente 15,52 % de son PIB en PPA. Ce score reste insuffisant ; il devrait être approximativement doublé.

Il est surprenant de voir la Côte d'Ivoire importer du sel alimentaire de Mauritanie et même des Pays-Bas, des lardons et autres sous-produits des carcasses de porc alors qu'elle dispose d'un cheptel porcin, du rhum alors qu'elle produit du sucre de cannes, etc.

Le pays qui suit est le Togo, mais son cumul ne représente que 9,27 % de son PIB en PPA ; les autres taux sont très inférieurs, voir moindres que 3 %.

Il ressort de cette logique que, comme le firent trois des BRIC (Brésil, Inde and Chine), le développement nécessite une croissance rapide de la part des productions industrielles destinées à répondre à des attentes des marchés extérieurs à l'Afrique subsaharienne.

Il est donc urgent de favoriser le développement d'entreprises productrices de biens manufacturés destinés à l'exportation, des entreprises ouvertes sur le monde, particulièrement sur la Triade[5] où les revenus beaucoup plus élevés qu'en Afrique, incitent à consommer.

---

[5] Amérique du nord, Union européenne, Japon.

Etats	Classement PIB en PPA	PIB en PPA (en milliards d'US$) - FMI, 2013	PIB en nominal - US$ par tête	Importations de produits manufacturés kilo de US$	Importations /PIB	Exportations de produits manufacturés kilo de US$	Exportations manufacturés /PIB	Exportations de produits agricoles kilo de US$	Exportations agricoles /PIB	Exportations manufacturés + agricoles / PIB
Bénin	135	18,5	805	753 210	4,07%	77 579,2	0,42%	444 917	2,40%	2,82%
Burkina Faso	110	27,7	711	2 091 980	7,55%	38 905	0,14%	423 942	1,53%	1,67%
Cameroun	93	62,9	1331	3 301 850	5,25%	364 456	0,58%	1 378 700	2,19%	2,77%
Côte d'Ivoire	92	65,2	1332	7 415 790	11,37%	3 698 580	5,67%	6 419 120	9,85%	15,52%
Gabon	112	32,1	12326	2 921 170	9,10%	243 961	0,76%	569 710	1,77%	2,53%
Mali	129	25,2	646	2 172 640	8,62%	281 301	1,12%	486 389	1,93%	3,05%
Niger	141	16,3	447	996 324	6,11%	92 721	0,57%	125 882	0,77%	1,34%
Sénégal	114	31,7	1048	2 872 260	9,06%	1 042 170	3,29%	799 439	2,52%	5,81%
Togo	149	9,5	637	1 246 140	13,12%	655 597	6,90%	225 459	2,37%	9,27%
PIB en PPA moyen		32,1								
Ecart-type		19,5471723								
PIB par habitant moyen			2 143							
Ecart-type			3 831							
Congo	125	26,1	3223	Absence de détails						
Guinée	143	14,7	560	Données inexistantes						
République centrafr.	167	2,8	334	Absence de détails						
Tchad	122	26,8	1218	Données inexistantes						

Nous excluons de l'étude des exportations (et donc des importations, par cohérence) celles qui portent sur des minéraux et hydrocarbures. Quel que soit le volume présent dans le sol, ces minéraux sont condamnés à s'épuiser. Comme l'ont compris les États du golfe arabo-persique, il est indispensable d'utiliser l'argent provenant de l'exportation de ces matières premières pour se doter d'activités principalement basées sur le travail humain sous toutes ses formes : lui seul est une richesse inépuisable.

Les exportations du Gabon ne portent presque que sur des produits appelés à disparaître ; ses exportations de produits manufacturés qui ne représentent que 0,76 % de son PIB en PPA ; en leur ajoutant les exportations agricoles, on ne trouve que 8,60 % de ses exportations totales. Ses entreprises manquent de dynamisme face au monde extérieur.

Les pays dont le taux (importations de produits manufacturés / exportations de produits manufacturés) est le plus faible, sont le Togo (190,08 %), la Côte d'Ivoire (200,50 %) et le Sénégal (275,60 %). Les exportations de produits manufacturés y couvrent donc approximativement la moitié des importations des produits du même vaste groupe.

Le Burkina Faso doit accomplir l'effort le plus grand puisque ses importations de produits manufacturés représentent 5377,15 % de ses exportations de nature comparable.

Etats	Exportations totales kilo de US$	Exportations de produits manufacturés kilo de US$	Exporations manufacturés /Exportations totales	Exportations de produits agricoles kilo de US$	Exporations agricoles /Exportations totales	Exportations manufacturés + agricoles kilo de US$	Exportations manufacturés + agricoles /Totales	Importations totales kilo de US$	Importations de produits manufacturés kilo de US$	Importations /Exportations manufacturés %
Bénin (1)	527 343	77 579	14,71%	444 917	84,37%	522 496	99,08%	1 746 044	753 210	970,89%
Burkina Faso (2)	469 930	38 905	8,28%	423 942	90,21%	462 847	98,49%	3 594 417	2 091 980	5377,15%
Cameroun (3)	4 165 396	364 456	8,75%	1 378 700	33,10%	1 743 156	41,85%	6 990 490	3 301 850	905,97%
Côte d'Ivoire (4)	13 059 290	3 698 580	28,32%	6 419 120	49,15%	10 117 700	77,48%	12 661 970	7 415 790	200,50%
Gabon (5)	9 462 251	243 961	2,58%	569 710	6,02%	813 671	8,60%	3 863 273	2 921 170	1197,39%
Mali (6)	804 499	281 301	34,97%	486 389	60,46%	767 690	95,42%	3 895 829	2 172 640	772,35%
Niger (7)	1 282 273	92 721	7,23%	125 882	9,82%	218 603	17,05%	1 706 521	996 324	1074,54%
Sénégal (8)	2 327 330	1 042 170	44,78%	799 439	34,35%	1 841 609	79,13%	6 723 870	2 872 260	275,60%
Togo (9)	958 831	655 597	68,37%	225 459	23,51%	881 056	91,89%	2 002 180	1 246 140	190,08%

(1) http://perspective.usherbrooke.ca/bilan/servlet/BMImportExportPays?codePays=BEN
(2) http://perspective.usherbrooke.ca/bilan/servlet/BMImportExportPays?codePays=BFA
(3) http://perspective.usherbrooke.ca/bilan/servlet/BMImportExportPays?codePays=CMR
(4) http://perspective.usherbrooke.ca/bilan/servlet/BMImportExportPays?codePays=CIV
(5) http://perspective.usherbrooke.ca/bilan/servlet/BMImportExportPays?codePays=GAB
(6) http://perspective.usherbrooke.ca/bilan/servlet/BMImportExportPays?codePays=MLI
(7) http://perspective.usherbrooke.ca/bilan/servlet/BMImportExportPays?codePays=NER
(8) http://perspective.usherbrooke.ca/bilan/servlet/BMImportExportPays?codePays=SEN
(9) http://perspective.usherbrooke.ca/bilan/servlet/BMImportExportPays?codePays=TGO

Hypothèses de l'étude

L'auteur, lointain disciple de Friedrich Hayek, notamment de ses écrits traitant de la relation entre droit et économie[6], considère que rien ne doit entraver le dynamisme des entreprises, notamment pas les monopoles.

Loin du libéralisme individualiste états-unien hostile parfois à l'existence de l'État, l'auteur, comme le firent Walter Eucken et ses amis, assigne à cette institution la préservation d'un environnement économique qui favorise la concurrence ; l'État doit donc entraver la création de monopoles, de duopoles et d'ententes de toute nature.

En contrepartie, l'État s'interdit d'intervenir en tant qu'acteur économique que ce soit directement (office public, société d'État, participation majoritaire dans le contrôle d'une société privée, etc.) ou indirectement en instituant des monopoles privés.

Plus encore, l'État ne se réserve pas le monopole de la création du droit : les entreprises sont libres de réaliser les montages qui leur paraissent les mieux adaptés aux attentes des investisseurs en application du principe, « tout ce qui n'est pas expressément interdit, est donc autorisé », au lieu de la règle étatique,. « tout ce qui n'est pas expressément autorisé, est nécessairement interdit, » très usuelle en Afrique.

L'État fixe des principes généraux, laissant aux magistrats le soin de trouver des solutions aux cas particuliers, ce qui exclut une pratique malsaine : « un fait-divers, une loi ». Il ne légifère que pour contrer des manœuvres malhonnêtes si les dispositions actuelles ne permettent pas aux magistrats d'agir efficacement.

L'auteur propose donc quatre axes de réflexion :

---

[6] Friedrich HAYEK, *Droit, législation et liberté*, University of Chicago Press, 1973, 1976 et 1979, PUF, Paris, 1980 ; *La constitution de la liberté*, University of Chicago Press, 1960, Litec, Paris, 1994.

- La conception de dispositions constitutionnelles qui limitent les pouvoirs du centre et placent les institutions au plus près des citoyens ;
- Une conception du droit privé qui laisse la plus large initiative aux entrepreneurs ;
- Sachant que les entreprises industrielles requièrent des capitaux frais additionnels de façon fréquente, il propose des solutions propres à favoriser ces apports par le marché libre, en dehors des réseaux bancaires ;
- Conscient de la nécessité de développer le parc immobilier en relation avec la croissance démographique, l'exode des ruraux vers les villes et, pour certains pays, telle la Côte d'Ivoire, l'immigration, il énonce les termes juridiques d'une solution qui est efficace en France depuis près de cinquante ans tant pour le financement de la construction que la gestion d'immeubles.

Pour promouvoir le développement économique réel des pays de l'espace OHADA, l'auteur a soin de s'inspirer des dispositions actuelles publiées par l'OHADA, ou de s'en inspirer fortement, en vue d'enrichir le catalogue des textes de cette institution.

Lagune des Ébriés, 1er septembre 2016

CHAPITRE PREMIER - UNE FORME D'ÉTAT QUI TIENT COMPTE DES PARTICULARITÉS LOCALES : UNE RÉPUBLIQUE FÉDÉRALE

> « Dans les idées industrielles, c'est là, et là seulement que nous devons chercher notre salut, et la fin de la Révolution » (Claude-Henri de Saint-Simon, *L'industrie ou Discussions politiques, morales et philosophiques*, I).

Résumé

Le lecteur perçoit ce que son pays gagnerait en laissant une plus grande liberté de décision à chaque région et limitant les pouvoirs d'un État central vraiment démocratique aux relations internationales, paix et guerre, à la politique monétaire et quelques autres rôles nécessairement communs.

Sur ce sujet, la constitution allemande fournit un excellent modèle.

Abstract

The reader perceives what his country would gain through allowing a wider freedom of decision in every region and by limiting the powers of a really democratic central State: international relations, peace and war, to the currency policy and some other inevitably common roles.

On this subject, the constitution of Germany supplies an excellent model.

Mots-clés : démocratie, monarchie, fédéral, confédéral, gouvernement local, gouvernement central, centralisme

Plan

1.1. Rappel historique

1.1. Rappel historique

À l'époque où la France était gouvernée par des rois, jusqu'à la fin du XVIIIe siècle, chaque province était régie par ses propres règles coutumières[7] ; chacune parlait sa propre langue. En outre, s'imposaient les ordonnances royales (« lois » décidées par le roi) communes à tout le pays ; mais comme chaque province avait sa propre « cour de cassation » appelée « parlement », ce dernier n'incorporait les ordonnances royales au droit de la province que s'il l'estimait convenable ; à défaut, le roi devait venir au siège du (des) parlement(s) récalcitrant(s), y présider un « lit de justice », c'est-à-dire négocier avec

[7] L'ordonnance promulguée en 1454 au château de Montils-lès-Tours par le roi de France Charles VII, avait imposé la transcription des coutumes orales, forme ancienne du droit. En Côte d'Ivoire, cet effort de rédaction fut entrepris selon les instructions des lieutenants-gouverneurs, dont Clozel, par les commandants de cercles dès le début du XXe siècle.

le parlement et lui donner ce que ce dernier demandait en échange de la transcription de la nouvelle ordonnance.

Un État monolithique imposé par la Terreur

Deux révolutions successives mirent fin à l'Ancien Régime. La première éclata en 1789, qui fut balayée par une autre, en 1792.

En 1789, plusieurs nobles dont le marquis de La Fayette qui avaient combattu en Amérique contre les forces britanniques, avaient fréquenté assidûment les fondateurs des États-Unis sous leur forme première : un État confédéral ; de même, des bourgeois épris de liberté et désirant que la France devienne une monarchie constitutionnelle, avaient écouté ou lu les travaux des ambassadeurs des États-Unis, Benjamin Franklin (1776-1785) puis Thomas Jefferson (1785-1789).

Des auteurs français célèbres, Jean-Jacques Rousseau, Voltaire, avaient vécu en Suisse au XVIIIe siècle, un État confédéral depuis son indépendance conquise au XIVe siècle.

La révolution de 1789-90 avait mis fin à la centralisation bureaucratique étouffante[8] de l'Ancien Régime pour la remplacer par une décentralisation américaine[9].

Pour aller plus loin, une part des révolutionnaires de 1792-93 appelés « Girondins » désiraient que la France devienne une république fédérale, de façon à préserver au

---

[8] Tout système étatiste-bureaucratique est étouffant ; il ne laisse décider que les politiciens et les fonctionnaires à leur service. Laisser le peuple prendre des initiatives, admettre que tout ce qui n'est pas expressément interdit, est autorisé, favorise l'initiative, la création, le développement économique.

[9] Albert MATHIEZ, *La chute de la royauté – La Gironde et la Montagne – La Terreur*, Éd. La Manufacture, Lyon, 1989, p. 141.

moins en partie, les droits coutumiers de chaque province. En face, deux groupes appelés « Jacobins » et « Montagnards », convaincus que les « Girondins » avaient fait alliance avec les royalistes pour rétablir l'Ancien Régime, imposèrent le pouvoir absolu du gouvernement de Paris ; ils remplacèrent la révolution bourgeoise de 1789-90 par une révolution prolétarienne[10] ; ils manièrent activement la guillotine pour éliminer les Girondins qu'ils purent attraper ; les autres s'enfuirent et se cachèrent pendant cette période appelée « Terreur ». « Jacobins » et « Montagnards » furent éliminés en 1794. Un peu plus tard un général, Napoléon Bonaparte se fit proclamer empereur et régna en despote absolu jusqu'à sa défaite militaire et politique, en 1815, sur une France dont il avait aggravé la centralisation, instituant les préfets, agents du pouvoir central, en poste dans les départements ; ces derniers reprenaient les fonctions des « intendants de justice, police et finance » implantés par Louis XIV pour concurrencer les hauts aristocrates qu'il s'employait à déconsidérer à Versailles.

La France resta donc le monolithe (un seul bloc, exclusivement gouverné par Paris) qu'elle est encore.

L'États-Unis devint fédéral en 1865 et son nom passa du pluriel au singulier ; sa constitution, en même temps que des dispositions de droit britannique inspirèrent, combinées avec des règles allemandes antérieures, la constitution de l'Allemagne (1949).

---

[10] Au sens strict, un prolétaire est une personne qui n'a que ses enfants (*proles*) comme richesses et que ses bras à offrir pour un travail, en échange d'une rémunération qui ne peut être que très mince. C'est ce qu'en Afrique, on appelle « manœuvre ». « Robespierre et son parti périssaient [9 et 10 thermidor an II – 27-28 juillet1794] en grande partie pour voir voulu faire servir la Terreur à un nouveau bouleversement de la propriété. » (Albert MATHIEZ, *La Révolution française*, op. cit., p. 784)

De la fin du XIXe siècle jusqu'en 1960 (1962 pour l'Algérie), la France colonisa diverses parties de l'Afrique qui devinrent indépendantes et copièrent la constitution de 1958 qui instaurait un régime de monarchie absolue à durée déterminée (sept ans d'abord, puis cinq ans ; limitée à deux mandats).

1.2. Actualité

Charles Maurras fut un adversaire de la centralisation héritée des Jacobins. Comme Maurice Barrès, Maurras exaltait la vie locale comme la condition même du fait politique et du civisme, annihilée ou atrophiée par la centralisation : c'est par le biais décentralisateur et fédéraliste, par la défense des traditions locales que doit s'effectuer le passage d'un nationalisme jacobin, égalitaire et étatiste, à un nationalisme historique et patrimonial appuyé sur les diversités d'une nation hostile à l'emprise d'un État central : « Il n'est guère enviable d'être mené comme un troupeau, à coup de règlements généraux, de circulaires contradictoires, ni d'être une organisation toute militaire[11]. »

Concevoir des institutions au plus près des électeurs

Point ne suffit d'affirmer que le tribalisme (terme méprisant) divise les États africains et de laisser entendre qu'il s'agit d'un archaïsme ; comme si l'État monolithique était la modernité, alors qu'en Europe, l'Allemagne, l'Autriche, la Suisse, la Russie sont fédéraux, qu'il en est de même en Amérique pour l'États-Unis, l'Argentine, le Brésil, en Asie, l'Inde. Ils tiennent ainsi compte des

---

[11] Stéphane GIOCANTI, *Maurras – Le chaos et l'ordre*, éd. Flammarion, Paris, 2006, p. 129.

particularités linguistiques et sociales des peuples qui les composent, leur laissant le soin de préserver le mode de vie quotidienne qui fait leur bonheur, plaçant au niveau collectif principalement, les relations diplomatiques et la guerre qui les continue, la sécurité collective, la monnaie et quelques autres dispositions à caractère industriel ou économique.

Dans un État fédéral, la plupart des dissensions sont réglées au niveau de chaque État membre, donc au plus près des intérêts de la population.

Des pays qui furent centralisés sont devenus récemment fédéraux (Belgique) ou sont en voie de fédéralisation (Espagne, Royaume uni).

S'agissant de ce dernier, les droits coutumiers des provinces y sont respectés depuis de nombreux siècles ; un procès portant sur divers domaines du droit privé (propriété, succession, etc.) est traité selon des règles différentes selon qu'il est présenté au Pays de Galles, en Écosse, en Irlande du Nord ou en Angleterre (province sud-est de la Grande Bretagne) ; ces provinces continuent de pratiquer leur idiome en même temps que la langue britannique.

La constitution française de 1958 n'est certainement pas le modèle le plus favorable à la construction démocratique d'un État.

La demande formulée par le roi de Krinjabo en 1959, fut repoussée d'un revers de la main sous les sarcasmes par Houphouët-Boigny, ce qui lui permit, comme à ses semblables, d'imposer un régime centralisé bureaucratique, peut-être inspiré à la fois par son apparentement avec le Parti communiste français et le texte que venaient d'approuver les Français.

Cette formule et l'absence d'alternance politique favorisèrent l'explosion de violences au Cameroun[12], au Congo, au Mali, en République centrafricaine, au Togo, etc. Elles furent durement réprimées ; quelques-unes conduisirent à un changement du groupe dominant qui, perpétuant les mêmes pratiques, aboutirent à de nouvelles violences.

L'histoire de l'Afrique précoloniale est celle de monarchies concurrentes, parfois alliées, parfois hostiles comme le montrent les traités qui furent signés vers 1846 avec le représentant du roi de France, qui portaient sur la livraison de fusils, de poudre et de balles[13], vraisemblablement dans le but de s'emparer d'une part du royaume voisin ou de se prémunir contre la mauvaise intention d'un autre monarque.

Houphouët-Boigny évoquait les soixante langues de son pays parlées par un nombre voisin de peuples distincts avant de tomber sous la coupe d'un colonisateur.

Les rois sont encore respectés ; certains sont encore puissants. Hors des relations avec les administrations publiques, les langues locales sont les vecteurs naturels. Quelles que soient les dispositions du code civil importé et des lois modernes, les coutumes demeurent les règles impératives.

Le centralisme bureaucratique masque mal une réalité très disparate.

Cette forme constitutionnelle ne reflète en rien la culture africaine.

---

[12] En 1959, l'infanterie coloniale intervint pour réprimer une insurrection des Bamilékés. Des têtes coupées furent posées sur les tables des commerçants du marché de Bafoussam.

[13] C. GARRIER, *L'exploitation coloniale des forêts de la Côte d'Ivoire – Une spoliation légalisée*, L'Harmattan, Paris, 2006, pp. 207 sq.

Bien des conflits qui ensanglantent l'Afrique ou l'ont ensanglantée récemment, n'auraient probablement pas été pensables dans un contexte fédéral.

Au Nigeria, « le fond des problèmes de Plateau et de [l'ensemble du pays] n'est pas religieux. Il s'agit plutôt de divisions politiques, tribales voire économiques.[14] » Est notamment reproché au gouvernement central de conserver seul le droit de gérer les ressources pétrolières, alors que les recettes qui en proviennent devraient être gérées en concertation entre l'État membre dans lequel elles sont exploitées, et l'État fédéral, dans l'intérêt du premier.

On rencontre au Nigeria le même conflit portant sur les ressources pétrolières, que celui qui oppose l'Écosse au gouvernement de Londres et qui pousse une partie de la population de cette région à désirer faire sécession.

De façon plus générale, « il y a le problème complexe du "principe de l'indigénité" qui donne aux natifs de chacun des trente-six États nigérians, des droits supérieurs à ceux des *settlers*, les habitants qui se sont installés plus tardivement dans le pays. »[15] En Côte d'Ivoire, à la suite de la loi de décembre 1998 portant code foncier rural, une semblable opposition avait déclenché des pogromes contre Maliens et Burkinabés. Il oppose aussi Baoulés et Bétés dans le Centre-Ouest de ce pays.

D'autres conditions juridiques sont indispensables pour favoriser l'investissement tant extérieur que national.

En particulier, l'adoption d'une monnaie indépendante de l'euro, inciterait les opérateurs désireux de délocaliser de l'Union européenne occidentale ou de sous-traiter dans

---

[14] Jan De Volder, « Jos la maudite », in *Le livre noir de la condition de Chrétiens dans le monde* sous la direction de Jean-Michel di Falco, Timotyy Radcliffe, Andrea Riccardi, XO Éditions, Paris, 2014, p. 445.

[15] Jan De Volder, op. cit., p. 446.

un pays où le niveau des salaires est faible, à porter leur regard sur l'espace OHADA. Un projet en ce sens est en voie d'élaboration au sein de la CEDEAO. Un ensemble de quinze pays, aussi incohérent (le Nigeria est 20ème, alors que le Niger est 141ème des PIB en PPA, alors que la Côte d'Ivoire est 92ème), peut-il gérer un système aussi complexe qu'une monnaie commune ?

1.3. État de droit

L'État de droit est avant tout l'idée selon laquelle l'action de l'État n'est légitime que si elle obéit à un ensemble de règles préétablies : le droit. Non celui qu'inventent les politiciens, mais un ensemble de principes énoncés depuis de nombreux siècles à la suite de Thomas d'Aquin et de l'université de Salamanque, et complétés à partir de la fin du XVIIe siècle[16] par ce qui fut appelé plus tard « les droits de l'homme ». Le droit est caractérisé par sa stabilité dans le temps, qui rend prévisible toute action d'un opérateur privé et, plus encore, toute intervention étatique. Le concept « État de droit » interdit, exclut les manipulations politiciennes, électoralistes ou intéressées du groupe qui a su s'emparer du pouvoir.

Le concept « État de droit » a été formalisé pour la première fois dans les écrits du théoricien libéral, Robert von Mohl (*Die Polizei-Wissenschaft nach den Grundsätzen des Rechtsstaates*, 1842) et du conservateur F .J .Stahl (*Die philosophie des Rechts*, 3e éd. 1856).

Au plan pratique, ce concept tend à défendre les personnes privées contre les abus de l'État particulièrement si le *demos* est dépourvu de tout moyen d'action ; dire qu'un État est démocratique signifie que

[16] *Bill of Rights* britannique, 1689.

tous y sont protégés des ambitions de la majorité. La législation donne aux investisseurs et aux contribuables une base fiable pour leurs décisions et pour cette raison, ne doit pas être modifiée de façon importante dans de trop brèves périodes. La notion s'organise alors autour de trois idées majeures :

- La limitation du pouvoir de l'État en vue d'une plus grande protection de la liberté des individus ;
- La production de lois précises, compréhensibles par tous, qui ne doivent pas être profondément modifiées trop souvent ;
- L'établissement de tribunaux protecteurs des citoyens.

Cette théorie est étroitement liée au développement du constitutionnalisme allemand qui tend à établir dans toute l'Allemagne une limitation des prérogatives du pouvoir central »[17], non l'élimination de ce pouvoir comme le préconise un large pan de la pensée américaine pour lequel les réglementations imposées (législation, décrets, mesures administratives, etc.) sont illégitimes[18], particulièrement l'économiste David Friedman[19] qui s'affirme anarcho-capitaliste.

L'État de droit découle de la notion de « droit naturel », ensemble des normes prenant en considération la finalité de l'homme dans le monde[20] et sa nature[21],

[17] D'après OUCH Channora et YOUK Bunna, « La notion d'État de droit », DEA d'Administration Publique, Université Lumière Lyon 2, France.

[18] « Anarcho-capitalisme », *Wikipedia*.

[19] David FRIEDMAN (trad. Françoise Liégeois), *Vers une société sans État* [« *The Machinery of Freedom* »], Les Belles Lettres, Paris, 1992.

[20] Il s'agit là cependant de la vision téléologique classique (la « téléologie » est l'étude des causes finales, de la finalité) du droit naturel, remise en cause par les conceptions jus-naturalistes modernes.

indépendamment de toute intervention d'une règle positive. Le droit naturel se veut transcendant et universel. Il exclut toute relation avec un moment historique, une culture.

Le concept de « droit naturel » est apparu à Salamanque (Espagne), au XVIe siècle, en réinterprétant la pensée de Thomas d'Aquin à partir du postulat que les sources de la justice, du droit et de la morale ne doivent plus être recherchées dans les textes sacrés ou les traditions, mais dans l'examen de la nature à la lumière de la Raison.

Cette notion est présente dans la « Déclaration d'Indépendance »[22] de l'États-Unis (Déclaration de Philadelphie, 1776) dont la rédaction est marquée au moins de théisme : « Nous tenons pour évidentes en elles-mêmes ces vérités, que tous les hommes naissent égaux, qu'ils ont été investis par le Créateur de certains droits inaliénables parmi lesquels sont le droit à la Vie, la Liberté et la recherche du Bonheur. »

Léo Strauss (1899-1921) dans *Droit naturel et histoire* (1953), affronte les sciences de l'homme : il défend le droit naturel contre les présupposés des sciences sociales actuelles qui rejettent le droit naturel sous deux chefs d'accusation : « au nom de l'Histoire » et « au nom de la différence entre Faits et Valeurs ». L'enjeu est de taille car « la Science et l'Histoire, ces deux grandes puissances du monde moderne, ont finalement réussi à détruire la possibilité même de la philosophie politique.[23] »

---

[21] Comme le déclare l'Antigone de Sophocle, il y a des lois qui sont au-dessus des rois parce qu'elles ont été voulues par les dieux.

[22] On ne peut éluder que les auteurs de cette Déclaration, pour la plupart, étaient propriétaires d'esclaves.

[23] Léo Strauss, trad. Olivier Sedeyn, *Qu'est-ce que la philosophie politique ?*, PUF, 1992, p. 23.

La notion d'État de droit fut utilisée durant la crise financière asiatique commencée en 1997 pour opposer le capitalisme occidental au capitalisme « des copains et des coquins » (*crony*) répandu en Asie (Greenspan 1998). Cette opposition demeure en Afrique.

Cette notion est abusivement utilisée par les institutions financières internationales (FMI, Banque mondiale) pour imposer « le consensus de Washington » qui inclut : la déréglementation, la privatisation, les restrictions sévères aux pouvoirs discrétionnaires de l'administration, des droits de propriété très stricts, en particulier en matière de propriété intellectuelle, une meilleure protection des actionnaires minoritaires, des réglementations antitrust vigoureuses.

En janvier 2016, l'Union européenne a ouvert une procédure de « sauvegarde de l'État de droit » contre la Pologne dont le nouveau gouvernement conservateur multiplie les réformes pour contrôler la justice et les médias[24].

Tout cela est présenté comme un ensemble de changements techniques nécessaires au développement économique.

En janvier 1999, le président de la Banque mondiale, James Wolfensohn, a proposé un nouveau « cadre de développement intégré » qui traite de la question des réformes du droit : « Si les droits *de l'homme* et les droits de propriété[25] ne sont pas garantis et s'il n'existe pas de

---

[24] Anja VOGEL, « "Sauvegarde de l'État de droit" en Pologne : l'UE et Varsovie dialoguent », 24 janvier 2016, http://www.franceinfo.fr/emission/en-direct-de-l-europe/2015-2016/sauvegarde-de-l-etat-de-droit-en-pologne-l-ue-et-varsovie-dialoguent-24-01-2016-05-09

[25] *Déclaration des droits de l'Homme et du Citoyen*, 1789, art. 2 : « Le but de toute association politique est la conservation des droits naturels et imprescriptibles de l'Homme. Ces droits sont la liberté, la

législation détaillée, aucun développement *équitable* n'est possible. Le gouvernement doit faire en sorte qu'il existe un ensemble efficace de lois régissant la propriété, les contrats, *le travail*, les faillites ainsi qu'un code commercial, des lois relatives aux *droits personnels*[26] et d'autres éléments d'un système juridique détaillé qui soit administré de façon efficace, objective et intègre par des autorités compétentes, impartiales et honnêtes » (Wofensohn 1999 : 10-11).

En 2002, les « Initiatives de réforme juridique et judiciaire » de la Banque mondiale, définissent l'État de droit comme suit : « Dans un État de droit, 1) l'administration elle-même respecte la légalité ; 2) tous les citoyens sont égaux devant la loi; 3) les autorités publiques, y compris le pouvoir judiciaire, *protègent la dignité humaine des citoyens*; 4) tous les citoyens ont *accès à la Justice*. Un tel régime se caractérise par des lois transparentes et justes, la certitude de la mise en œuvre de la législation, et un gouvernement responsable, sachant assurer le maintien de l'ordre, encourager le développement du secteur privé, *combattre la pauvreté* et *établir sa légitimité*. Réformer le cadre juridique et judiciaire est un moyen de promouvoir l'État de droit » (Banque mondiale 2002 : 3).

Pour résumer, « l'État de droit est une tradition de la décision qui comporte au moins trois éléments

---

propriété, la sûreté, et la résistance à l'oppression. »

[26] *Déclaration des droits de l'Homme et du Citoyen*, 1789, art. 5 : « La loi n'a le droit de défendre que les actions nuisibles à la société. Tout ce qui n'est pas défendu par la loi ne peut être empêché, et nul ne peut être contraint à faire ce qu'elle n'ordonne pas. »

indispensables : 1°) que toute personne dont les intérêts se trouveront affectés par un jugement ou une décision administrative, a droit à un véritable débat devant la justice ; 2°) que les fonctionnaires et magistrats qui prennent des décisions doivent être indépendants au sens plein du terme, c'est-à-dire libres de toute pression extérieure exercée par des supérieurs politiques ou administratifs, lorsqu'ils prennent une décision sur un cas individuel, et intérieurement libres de l'influence exercée par l'ambition personnelle et les préjugés partisans ou populaires ; 3°) que les décisions quotidiennes doivent être raisonnées, rationnellement justifiées dans des termes qui prennent dûment en compte tant les exigences des principes généraux que celles de la situation particulière » (Jones Harry W. 1958 : 145).

1.4. Afrique

Des différences historiques opposent Malinkés frontaliers du Mali et du Burkina Faso et peuples du sud de Côte d'Ivoire (Ébriés, Baoulés, Bétés, etc.), entre Foulfoulbés de l'extrême nord et peuples du centre et du sud du Cameroun (Ewondo de Yaoundé, Bamilékés de l'ouest, Douala du littoral, etc.), entre Bantous[27] du sud du

---

[27] Pour les Touaregs, les Bantous sont de potentiels esclaves, inacceptables comme gouvernants. Malgré son abolition au Mali de façon officielle, l'esclavage demeure une réalité dans ce pays. [...] Une étude effectuée par le Professeur Nafé Keita, dans certaines régions de ce pays, l'a démontré. Il s'agit des régions de Kayes, Tombouctou, Gao et Kidal (http://news.abamako.com/h/4874.html).
En 1980, la Mauritanie a adopté une loi portant abolition de l'esclavage. En l'absence du décret d'application, cette loi reste lettre morte : elle pourrait contredire le Coran qui légifère sur l'esclavage et donc de ce fait, l'admet. Il resterait au moins 100 000 esclaves dans ce pays de nos jours (Christian DELACAMPAGNE, *Histoire de l'esclavage. De l'Antiquité à nos jours*, Le livre de poche, Paris, 2002,

Mali et Touaregs[28] du Sahel et du désert. On peut les rapprocher de celles qui séparent Écossais et Anglais, Catalans et habitants d'Andalousie en Espagne, Flamands et Wallons en Belgique, habitants du « Freie Hansestadt Bremen », le plus petit des Länder riverain de la mer Baltique, et Bavarois d'Allemagne.

Alors que des peuples d'Europe ont perçu l'utilité de distinguer les intérêts communs (principalement les relations diplomatiques et de guerre, la monnaie) des intérêts régionaux, les peuples d'Afrique restent astreints à subir des gouvernements parfois perçus comme une sorte de colonisateur intérieur.

En 1945, l'Allemagne était anéantie, broyée sous les bombes soviétiques, américaines et britanniques. Son redressement économique est évoqué comme un « miracle ». Mieux vaut attribuer ce résultat à son régime politique qui donne le plus possible la parole au « peuple » ou ses représentants et le laisse libre de la plupart de ses usages, des langues locales parlées et écrites (une partie de la presse régionale est publiée dans les dialectes locaux). Un tel « miracle » est-il réitérable en Afrique ? Sous la

---

p. 273)

[28] Les Touaregs n'ont pas accepté la présence coloniale. Il fallut concevoir des « compagnies sahariennes » pour combattre leurs « rezzous ». Profitant de la réduction des effectifs des troupes coloniales en raison de la première guerre européenne, des Touaregs se soulevèrent et assassinèrent le Père de Foucault. Entre les deux guerres mondiales, Antoine de Saint-Exupéry dut intervenir pour racheter des pilotes et mécaniciens dont l'avion était tombé dans le désert.

Dans les années 70-80, Kadhafi utilise les Touaregs pour réaliser son rêve de création des « États-Unis saharo-sahéliens » (Institut Jacques Cartier). En 2005, Mouammar Kadhafi avait signé la charte de la « fédération du Grand Sahara » à Tombouctou avec les chefs touaregs.

condition, très probablement, de rompre avec une règle constitutionnelle inadaptée.

On peut imaginer qu'un pouvoir régional targui dans le nord du Mali, seul responsable de la vie quotidienne de ses ressortissants (mariage, propriété du sol et du sous-sol, succession), et doté de pouvoirs suffisamment étendus, aurait évité à ce pays une guerre qui fut civile et qui est devenue internationale avec l'intervention de l'armée française et le recrutement par AQMI qui combat aux côtés des Touaregs, de renforts d'origines très diverses.

De même un pouvoir régional malinké-sénoufo aurait agi depuis 1960 pour que le quart nord de la Côte d'Ivoire perde son décors « 1910 », ce qui aurait évité qu'une partie de ses habitants s'insurgent les armes à la main, convaincus qu'il y avait « deux Côtes d'Ivoire » : la leur délaissée, et l'autre dont la prospérité a résulté de nombreux projets de développement[29].

1.5. Proposition

Que l'État soit monolithique ou fédéral, il est nécessaire que le peuple gouverne (« demos kratien », le peuple commande) directement[30] ou par l'intermédiaire de ses élus (assemblée nationale).

La place et l'importance de chacun des organes essentiels d'un État sont manifestées par le plan même de la constitution : l'organe principal est décrit en priorité.

Dans la constitution française de 1958, en rupture avec les lois constitutionnelles qui régirent la IIIe République et

---

[29] Henri Konan Bédié

[30] Le gouvernement direct était la règle dans les cités grecques de l'antiquité. Cette conception se perpétue dans les pays (telle la Suisse) où un groupe de citoyens peut obtenir qu'il soit procédé à un « référendum d'initiative populaire » dont le résultat deviendra une loi.

la constitution d'octobre 1946 qui structura la IVe République, le président de la République est placé en tête, affichant le caractère monarchique de ce texte (monarchie à durée déterminée).

Ce président est un « Homme providentiel » en mesure d'apporter des solutions à tous les maux. D'une certaine manière De Gaulle remplit ce rôle en sa qualité « d'homme du 18 juin » ; il était devenu de son vivant, un chapitre des manuels d'histoire en usage dans les écoles.

L'actuel occupant de la fonction avait publié ses « quarante propositions » au cours de sa campagne électorale de 2012. Leur lecture montrait qu'il avait négligé le principe énoncé par Lionel Jospin, lorsqu'il était premier ministre, sous la présidence de Jacques Chirac : « l'État ne peut rien contre l'entreprise » ; la déception que manifestent les sondages ne donnant que 14 % d'opinions favorables au monarque actuel (2016), montre son incapacité à remplir le rôle providentiel lié à sa fonction ; ses opposants lui reprochent d'avoir été élu sur un programme socialiste, alors que les dispositions adoptées sous son règne favorisent les banques et le grand patronat. On retrouve ici l'ambiguïté qui avait marqué le régime national socialiste à partir de 1933[31].

Le concepteur de cette constitution, De Gaulle, dit à Claude Guy[32] qu'il n'aimait pas la révolution française[33] : « À entendre les républicains, la France a commencé à retentir en 1789 ! Incroyable dérision : c'est au contraire depuis 1789 que nous n'avons cessé de décliner. » Il confia

---

[31] Wilhelm REICH, *La Psychologie de masse du fascisme*, Payot, 1999.

[32] Claude Guy (1917-1992) fut un officier français connu principalement pour avoir été l'aide de camp de Charles De Gaulle entre 1946 et 1949 (« . Claude Guy », *Wikipedia*).

[33] Dominique VENNER, *De Gaulle, la grandeur et le néant*, Monaco, Éditions du Rocher, 2004, p. 31.

également à Alain Peyrefitte son peu d'enthousiasme pour la république : « Je n'aime pas la république pour la république. Mais comme les Français y sont attachés, j'ai toujours pensé qu'il n'y avait pas d'autre choix[34]. ».

Il conçut donc une « république » à laquelle il attribua des caractéristiques monarchiques.

1.5.1. Plan de la « loi fondamentale » allemande

Un très intéressant modèle de constitution fédérale (loi fondamentale, LF) est offert par l'Allemagne. Ce pays, dans sa version moderne, est de formation récente (1870) ; son actuelle constitution a été approuvée en 1949. Son autre particularité est de perpétuer la pratique parlée et écrite (presse, livres) des langues régionales.

Des éléments comparables rapprochent l'histoire de l'Allemagne de celle de la Côte d'Ivoire. Je propose un parallèle entre les constitutions de ces deux pays, faisant ressortir ce qui les oppose : la hiérarchie des pouvoirs et la forme fédérale de la première.

L'Allemagne (357 168 km²) a groupé des États du passé avec l'approbation des populations, pour que ses seize Länder soient aussi viables que possible économiquement.

Les 31 régions de Côte d'Ivoire (322 463 km²) sont difficilement viables économiquement, probablement moins encore que les 22 régions de la France (643 801 km²) conçues par François Mitterrand (nombre ramené à onze régions par François Hollande).

Après l'énoncé de la « dignité de l'être humain, du caractère obligatoire des droits fondamentaux pour la puissance publique », de la souveraineté de la population

---

[34] Alain PEYREFITTE, *C'était de Gaulle*, tome II, Paris, Éditions de Fallois/Fayard, 1997, p. 534.

et de quelques principes de philosophie du droit, la constitution allemande présente :

- la représentation directe de la population, le Bundestag, comme le faisait la constitution française de 1946. Au contraire la constitution française de 1958 comme les deux constitutions ivoiriennes, présentent en premier lieu le monarque dit « président de la République » ;
- puis la représentation des Länder (États fédérés) ;
- et seulement alors les organes de l'exécutif :
  - Le président fédéral,
  - Le chancelier fédéral.
  - Le gouvernement fédéral.

Cette présentation souligne l'étendue des pouvoirs des représentants du peuple, la position subordonnée des titulaires du pouvoir exécutif. En fin de texte, est décrit le pouvoir judiciaire.

1.5.2. Le parlement allemand

Le parlement allemand comprend deux chambres :

- Le Bundestag élu au suffrage universel ; il représente l'ensemble du peuple allemand ;
- Le Bundesrat représente les « Länder » (les États fédérés).

Cette construction est la conséquence de la forme fédérale de l'État allemand. Chaque Land est représenté au Bundesrat.

Un État monolithique n'a nul besoin d'un « sénat » sauf si une partie de la population dispose de droits particuliers. Ce fut le cas en France durant tout le XIXe siècle, jusqu'en 1870 : le sénat représentait les aristocraties, celle de l'Ancien Régime et celles voulues par les monarques successifs de Napoléon 1er à Napoléon III.

Les IIIe, IVe et Ve République en firent l'apogée des carrières politiques commencées dans des conseils municipaux, continuées dans des conseils départementaux. Durant le demi-siècle de la Ve République, des majorités opposées se sont succédées à l'assemblée nationale tandis que le « sénat » restait aux mains de la « droite ».

Raymond Dronne[35] qui fut un haut fonctionnaire colonial du Cameroun, déplorait que ne soit pas instituée une représentation des chefs coutumiers soit dans une assemblée distincte (un sénat), soit dans une section des assemblées territoriales. Il soulignait que, bien que contestée par les jeunes générations, l'audience des chefs coutumiers était encore une réalité[36].

1.5.2.1. Le Bundestag (assemblée nationale)

« Les députés du Bundestag allemand sont élus [pour quatre ans] au suffrage universel direct, libre, égal et secret. Ils sont les représentants de l'ensemble du peuple, ne sont liés ni par des mandats ni par des instructions et ne sont soumis qu'à leur conscience » (LF, art. 38).

Écrire que les députés « ne sont liés ni par des mandats ni par des instructions », c'est admettre que les mensonges les plus éhontés sont autorisés au cours d'une campagne électorale. Une disposition comparable figure dans les constitutions françaises[37] et ivoiriennes[38] ;

---

[35] Raymond DRONNE, *Vie et mort d'un empire*, France-Empire, Paris, 1989, p. 180.

[36] C. GARRIER, *L'exploitation coloniale des forêts de la Côte d'Ivoire – Une spoliation institutionnalisée*, L'Harmattan, Paris, 2006.

[37] Constitution de 1958, art. 27, 1er alinéa : « Tout mandat impératif est nul. »

[38] Constitution de 2000, art. 66, 2ème alinéa : « Tout mandat impératif est nul. »

Rien ne limite les pouvoirs du Bundestag sauf les pouvoirs propres aux Länder.

Le Bundestag est décrit par la LF juste après les considérations générales et avant toute autre institution, à partir de l'article 38. Mais il apparaît dès l'article 13 à propos de l'inviolabilité du domicile, puis à l'article 23 à propos des relations avec l'Union européenne. Le Bundestag est cité onze fois avant que soient décrits sa formation et son fonctionnement, ce qui montre l'étendue de son rôle.

Le mode de désignation de ses membres, son fonctionnement et ses pouvoirs sont décrits de l'article 38 à l'article 49. Il est immédiatement suivi par l'exposé du mode de fonctionnement du Bundesrat (sénat) de l'article 50 à l'article 53.

Dans le texte ivoirien de 2000, l'assemblée nationale n'apparaît qu'à l'article 58 (Titre, IV) après qu'aient été énoncés le statut et les pouvoirs du président de la République, et les dispositions relatives au gouvernement.

Alors que « le Bundestag décide de la clôture et de la reprise de ses sessions » (art. 39, al. 3) et que « Le président du Bundestag peut le convoquer avant la date prévue. Il est tenu de le faire si un tiers des membres, le président fédéral ou le chancelier fédéral en font la demande » (LF, art. 39, 2), la constitution française limite la durée de l'activité parlementaire[39]. La constitution

[39] Constitution de 1958, art. 28 : « Le parlement se réunit de plein droit en une session ordinaire qui commence le premier jour ouvrable d'octobre et prend fin le dernier jour ouvrable de juin.
Le nombre de jours de séance que chaque assemblée peut tenir au cours de la session ordinaire ne peut excéder cent vingt. Les semaines de séance sont fixées par chaque assemblée.
Le premier ministre, après consultation du président de l'assemblée concernée, ou la majorité des membres de chaque assemblée peut décider la tenue de jours supplémentaires de séance. »

ivoirienne comporte une disposition comparable (art. 62) : « Chaque année, l'Assemblée nationale se réunit de plein droit en deux sessions ordinaires.

La première session s'ouvre le dernier mercredi d'avril sa durée ne peut excéder trois mois.

La deuxième session commence le premier mercredi d'octobre et prend fin le troisième vendredi de décembre. »

En Côte d'Ivoire, la convocation d'une réunion extraordinaire de l'assemblée nationale, est subordonnée au bon vouloir du président de la République (art. 63) : « L'Assemblée nationale est convoquée en session extraordinaire par son Président sur un ordre du jour déterminé, à la demande du Président de la République ou à celle de la majorité absolue des députés.

Les sessions extraordinaires sont closes sitôt l'ordre du jour épuisé. »

« Les projets de loi sont déposés au Bundestag par le gouvernement fédéral, par des membres du Bundestag ou par le Bundesrat » (LF, art. 76, 1er al.).

De façon différente, la Constitution de 2000 de la Côte d'Ivoire dispose : « Art. 42. Le Président de la République a l'initiative des lois, concurremment avec les membres de l'Assemblée nationale. » Le gouvernement n'a pas l'initiative des lois ; c'est dire qu'il ne s'agit que d'une équipe de « collaborateurs ».

Le commissaire parlementaire aux forces armées

« Un commissaire parlementaire aux forces armées est désigné en vue de la protection des droits fondamentaux et en qualité d'organe auxiliaire du Bundestag pour l'exercice du contrôle parlementaire » (LF, art. 45b).

Le commissaire parlementaire aux forces armées doit, sur instruction du Parlement ou de la commission de la défense, examiner les événements critiques survenus au sein de la Bundeswehr et communiquer ses conclusions dans un rapport. Il examine les événements survenant dans la Bundeswehr dont on peut soupçonner qu'ils portent injustement atteinte à la dignité humaine, par exemple, ou qu'ils restreignent la liberté d'opinion ou la protection des droits des soldats[40].

Intervention directe du peuple

« Toute personne a le droit d'adresser par écrit, individuellement ou conjointement avec d'autres, des requêtes ou des recours aux autorités compétentes et à la représentation du peuple [le Bundestag] » (LF, art. 17). « Le Bundestag nomme une commission des pétitions qui est chargée d'examiner les requêtes et recours adressés au Bundestag » (LF, art. 45c, 1).

Les pouvoirs de contrôles du Bundestag sont des plus larges ; il peut procéder à des enquêtes : « (1) Le Bundestag a le droit et, à la demande d'un quart de ses membres, l'obligation de constituer une commission d'enquête chargée de recueillir les preuves nécessaires en audience publique. (2) Le huis-clos peut être prononcé » (LF, art. 44).

Rien dans la LF, ne correspond à l'étrange disposition (reprise de la constitution française de 1958[41]) de la constitution de Côte d'Ivoire permettant au parlement de se priver du pouvoir de légiférer au profit de l'exécutif : « Art. 75, 1er al. : « Le président de la République peut, pour l'exécution de son programme, demander à

[40] https://www.bundestag.de/htdocs_f/bundestag/commissaire

[41] Constitution de 1958, art. 38, 1er alinéa : « Le gouvernement peut, pour l'exécution de son programme, demander au Parlement l'autorisation de prendre par ordonnances, pendant un délai limité, des mesures qui sont normalement du domaine de la loi. »

l'Assemblée nationale l'autorisation de prendre par ordonnance, pendant un délai limité, des mesures qui sont normalement du domaine de la loi. »

À plus forte raison, rien dans la loi fondamentale, ne rappelle l'article 49, alinéa 3 de la constitution française, qui permet au gouvernement de faire passer en force un texte qui lui convient, en imposant aux membres du parlement de déposer une motion de censure contre le gouvernement s'ils n'approuvent pas ledit texte : « Le premier ministre peut, après délibération du conseil des ministres, engager la responsabilité du gouvernement devant l'assemblée nationale sur le vote d'un texte. Dans ce cas, ce texte est considéré comme adopté, sauf si une motion de censure, déposée dans les vingt-quatre heures qui suivent, est votée dans les conditions prévues à l'alinéa précédent. »

Parce qu'une motion de censure, si elle est adoptée, fait tomber le gouvernement, les députés renoncent à débattre sur le texte proposé par le gouvernement et donc le contester ; ce texte est donc imposé par le recours à l'article 49-3. Manœuvre monarchique.

Répartition des pouvoirs entre la Fédération et les Länder

La constitution allemande répartit le pouvoir législatif entre la Fédération et les Länder (États membres). Deux cas se présentent :

- La compétence exclusive de la Fédération (articles 71 et 73) ;
- La compétence concurrente de la Fédération et des Länder (articles 72 et 74).
- Dans tous les autres cas, la compétence exclusive des Länder (art. 70) parfois représentés par le Bundesrat.

L'article 70 de la LF attribue à la Fédération un pouvoir d'exception, tandis que les Länder disposent d'un large pouvoir[42] : « Les Länder ont le droit de légiférer dans les cas où la présente Loi fondamentale ne confère pas à la Fédération des pouvoirs de légiférer » (LF, art. art. 70). Nous n'énumérons ici que les pouvoirs propres à la Fédération.

« La Fédération a la compétence législative exclusive dans les matières ci-dessous :

1. affaires étrangères ainsi que défense, y compris la protection de la population civile ;
2. nationalité dans la Fédération ;
3. liberté de circulation et d'établissement, régime des passeports, déclarations de domicile et cartes d'identité, immigration et émigration, et extradition ;
4. monnaie, papier-monnaie et monnaie métallique, poids et mesures ainsi que définition légale du temps ;
5. unité du territoire douanier et commercial, traités de commerce et de navigation, libre circulation des marchandises, échanges commerciaux et monétaires avec l'étranger, y compris la police des douanes et des frontières ;

5a. protection du patrimoine culturel allemand contre son transfert à l'étranger ;

6. navigation aérienne ;

6a. transport sur des chemins de fer appartenant en totalité ou en majorité à la Fédération (chemins de

[42] Les Länder ont notamment seuls qualité pour organiser l'enseignement. En ont suivi des manifestations d'étudiants contre le système LMD, parce que Bruxelles prétendait contraindre à ce que Berlin ne pouvait imposer.

fer de la Fédération), construction, entretien et exploitation des voies ferrées des chemins de fer de la Fédération ainsi que perception de redevances pour l'utilisation de ces voies ferrées ;

7. postes et télécommunications ;
8. statut des personnels au service de la Fédération et des collectivités de droit public dépendant directement de la Fédération ;
9. concurrence et protection de la propriété industrielle, droits d'auteur et droits d'édition ;

9a. prévention des dangers du terrorisme international au moyen de l'Office fédéral de police criminelle, lorsqu'il y a danger menaçant plusieurs Länder, que la compétence d'une autorité de police de Land n'apparaît pas clairement ou qu'une autorité administrative suprême de Land demande la prise en charge ;

10. coopération de la Fédération et des Länder :
    a) en matière de police criminelle,
    b) pour protéger l'ordre constitutionnel libéral et démocratique, l'existence et la sécurité de la Fédération ou d'un Land (protection de la constitution), et
    c) pour protéger contre des menées sur le territoire fédéral qui, par l'emploi de la force ou des préparatifs en ce sens, mettent en danger les intérêts extérieurs de la République fédérale d'Allemagne, ainsi que création d'un office fédéral de police criminelle et répression internationale.
11. statistique à finalité fédérale ;
12. législation des armes et des explosifs ;
13. pensions des mutilés de guerre et des familles de victimes de guerre et assistance aux anciens prisonniers de guerre ;

14. production et utilisation de l'énergie nucléaire à des fins pacifiques, construction et exploitation d'installations servant à ces fins, protection contre les dangers occasionnés par la libération d'énergie nucléaire ou par des radiations ionisantes, et élimination des substances radioactives » (LF, art. 73).

Application des règles de droit pour l'état de tension (LF, art. 80a)

« (1) Si la présente Loi fondamentale ou une loi fédérale relative à la défense, y compris la protection de la population civile, spécifie que des règles de droit peuvent être appliquées seulement dans les conditions du présent article, l'application en dehors de l'état de défense n'est permise que si le Bundestag a constaté la survenance de l'état de tension ou s'il a approuvé expressément cette application. La constatation de l'état de tension et l'approbation expresse, dans [des cas précisés par la constitution], requièrent une majorité des deux tiers des suffrages exprimés.

(2) Les mesures prises en vertu des règles de droit visées à l'alinéa 1er doivent être rapportées si le Bundestag l'exige.

(3) Par dérogation à l'alinéa 1er, l'application de telles règles de droit est également permise sur le fondement et dans les conditions d'une décision prise par un organe international dans le cadre d'un traité d'alliance, avec l'accord du gouvernement fédéral. Les mesures prises en vertu du présent alinéa doivent être rapportées si le Bundestag l'exige à la majorité de ses membres. »

Mise sur pied et missions des forces armées

(1) « La Fédération met sur pied des forces armées pour la défense » (1er alinéa).

(2) « En dehors de la défense, les forces armées ne doivent être engagées que dans la mesure où la présente Loi fondamentale l'autorise expressément » (LF, art. 87a)

« (1) Il appartient au Bundestag avec l'approbation du Bundesrat de constater que le territoire fédéral fait l'objet d'une agression armée, ou qu'une telle agression est imminente (état de défense). La constatation est faite à la demande du gouvernement fédéral et requiert la majorité des deux tiers des voix exprimées correspondant au moins à la majorité des membres composant le Bundestag » (LF, art. 115a, 1).

Très pratiquement, les opérations militaires doivent être autorisées par le Bundestag (assemblée nationale). Si l'intervention est demandée par une organisation internationale, le Bundestag peut lui mettre fin.

Au contraire dans la constitution française de 1958[43] et les constitutions ivoiriennes[44], seule l'assemblée nationale décide de la déclaration de guerre ; par contre le pouvoir exécutif emploi à sa guise les forces armées.

L'armée allemande ne peut intervenir hors de ses frontières sans un vote préalable du Bundestag qui contrôle les engagements de la Bundeswehr.

La constitution ivoirienne de 2000 attribue au président de la République (art. 48) des pouvoirs comparables à ceux dont dispose le Bundestag : « Lorsque les institutions de la République, l'indépendance de la Nation, l'intégrité de son territoire ou l'exécution de ses engagements internationaux sont menacées d'une manière grave et immédiate, et que le fonctionnement régulier des pouvoirs

---

[43] Constitution de 1958, art. 35 : « La déclaration de guerre est autorisée par le parlement ».

[44] Constitution de 2000, art. 73. « La déclaration de guerre est autorisée par l'assemblée nationale »).

publics constitutionnels est interrompu, le président de la République prend les mesures exceptionnelles exigées par ces circonstances après consultation obligatoire du président de l'assemblée nationale et de celui du conseil constitutionnel.

Il en informe la nation par message.

L'assemblée nationale se réunit de plein droit. »

Depuis 1939, la France ne déclara aucune guerre, et le Parlement n'eut donc pas à se prononcer, alors que l'armée française intervint sur de nombreux « théâtres d'opérations extérieures » (Indochine ; plus récemment, RCA, Djibouti, Afghanistan, Mali, RCA, etc.), outre l'Algérie qui était composée de trois départements relevant du ministre de l'Intérieur jusqu'en 1962.

En mai 1790, Robespierre avait réclamé « pour la représentation nationale, le droit exclusif de déclarer la guerre, de surveiller la diplomatie et de conclure les traités. »[45] Les orateurs de gauche ajoutèrent « que si le droit de paix et de guerre continuait d'être exercé par le roi seul, "les caprices des maîtresses, l'ambition des ministres décideraient du sort de la nation" »[46] C'est un courtisan, Bernard Henri-Lévy, qui obtint de Sarközy de Nagy-Bocsa, le déploiement de l'armée contre la Lybie[47] jusqu'à l'assassinat du chef de cet État, le colonel Kadhafi.

---

[45] Albert MATHIEZ, *op. cit.*, p. 113.

[46] Albert MATHIEZ, *op. cit*, p. 114.

[47] Charte des Nations unies, article 1er : « Les buts des Nations Unies sont les suivants :

1° : Maintenir la paix et la sécurité internationales et à cette fin : prendre des mesures collectives efficaces en vue de prévenir et d'écarter les menaces à la paix et de réprimer tout acte d'agression ou autre rupture de la paix, et réaliser, par des moyens pacifiques, conformément aux principes de la justice et du droit international, l'ajustement ou le règlement de différends ou de situations, de caractère international, susceptibles de mener à une rupture de la

En droit allemand, « (1) la Fédération a la compétence législative exclusive en matière de droits de douane et de monopoles fiscaux.

(2) La Fédération a la compétence législative concurrente pour les autres impôts lorsque tout ou partie de leur produit lui revient ou lorsque les conditions prévues à l'article 72, al. 2 sont réunies » (LF, art. 105).

1.5.2.2. Le Bundesrat (sénat)

« Par l'intermédiaire du Bundesrat, les Länder concourent à la législation et à l'administration de la Fédération et aux affaires de l'Union européenne » (LF, art. 50) Chaque Land désigne au moins trois députés au Bundesrat ; « les Länder qui comptent plus de deux millions d'habitants en ont quatre, ceux qui comptent plus de six millions d'habitants en ont cinq, ceux qui comptent plus de sept millions d'habitants en ont six » (art. 51).

L'États-Unis dispose d'un Sénat réunissant deux membres par État quelles qu'en soient la population, l'étendue et la richesse.

Les lois relatives à la prévention des dangers du terrorisme international (art. 73, al. 9a), requièrent l'approbation du Bundesrat. Il en est de même des lois qui déterminent la responsabilité de la puissance publique (art. 74, al. 25), ainsi que des droits et obligations statutaires

---

paix; »
Article 39 : « Le Conseil de sécurité constate l'existence d'une menace contre la paix, d'une rupture de la paix ou d'un acte d'agression et fait des recommandations ou décide quelles mesures seront prises conformément aux articles 41 et 41, pour maintenir ou rétablir la paix et la sécurité internationales. »
Une agression inacceptable au regard de ces textes, devient légitime sur le fondement du « droit d'ingérence humanitaire » (BETTATI Mario, *Le droit d'ingérence humanitaire*, Éditions Odile Jacob, Paris, 1996).

des fonctionnaires des Länder, communes et autres collectivités publiques, ainsi que des juges dans les Länder (LF, art. 74, al. 27).

« Les projets de loi du gouvernement fédéral sont d'abord soumis au Bundesrat » (LF, art. 76). « Une loi adoptée par le Bundestag l'est définitivement si le Bundesrat l'approuve » (LF, art. 78 *in limine*).

1.5.3. Le président fédéral

Le président fédéral n'apparaît qu'à l'article 54 de la « loi fondamentale » bien après les Länder, le Bundestag et la Bundesrat, ce qui oppose cette constitution à celle de la France (1958) ou de la Côte d'Ivoire (2000), qui traite de son président avant d'évoquer toute autre institution. Le président fédéral est élu pour cinq ans ; il n'y a donc jamais sauf rare exception, coïncidence entre l'élection du président fédéral et celle des députés du Bundestag. Il n'y a donc aucune raison pour que la majorité du Bundestag soit du même parti que le président fédéral.

« Pour être valables, les ordres et décisions du président fédéral doivent être contresignés par le chancelier fédéral ou par le ministre fédéral compétent » (LF, art. 58).

Les pouvoirs du président fédéral sont limités :

- « Le président fédéral représente la Fédération sur le plan international. Il conclut au nom de la Fédération les traités avec les États étrangers. Il accrédite et reçoit les représentants diplomatiques » (LF, art. 59, 1er alinéa).
- « Le président fédéral nomme et révoque les juges fédéraux, les fonctionnaires fédéraux, les officiers et les sous-officiers, sauf disposition légale contraire » (LF, art. 60, 1er alinéa).

- « Il exerce au nom de la Fédération le droit de grâce dans les cas individuels » (LF, art. 60, second alinéa).
- Si le nouveau chancelier ne dispose pas d'une majorité suffisante, le président fédéral peut dissoudre le Bundestag.
- « Les ministres fédéraux sont nommés et révoqués par le président fédéral sur proposition du chancelier fédéral » (LF, art. 64, 1er alinéa).
- « Le chancelier fédéral est élu sans débat par le Bundestag sur proposition du président fédéral. » (art. 63, 1er alinéa)

Au contraire, la constitution de 2000 de la Côte d'Ivoire énonce : « Art. 41. Le président de la République est détenteur exclusif du pouvoir exécutif. Il nomme le premier ministre, chef du gouvernement, qui est responsable devant lui. Il met fin à ses fonctions. »

Comme le déclara le président Nicolas Sarközy de Nagy-Bocsa à son premier ministre François Fillon, ce dernier est un « collaborateur » puisque nommé par le président, le premier ministre « est responsable devant » le président de la République. Il en est de même de son homologue ivoirien.

Le président fédéral ne peut afficher un désaccord grave qu'en démissionnant de ses fonctions[48].

[48] Le 31 mai 2010, le président fédéral Horst Köhler a démissionné en raison de son désaccord sur l'envoi de l'armée allemande en Afghanistan, approuvé par le Bundestag.

Au contraire, en Côte d'Ivoire, les pouvoirs du président de la République dans la constitution de 2000, sont des plus larges : « Art. 46. Le président de la République est le chef de l'administration. Il nomme aux emplois civils et militaires.
Art. 47. Le président de la République est le chef suprême des armées. Il préside le Conseil supérieur de la Défense. »

Le président fédéral « exerce au nom de la Fédération le droit de grâce dans les cas individuels » (LF, art. 60, 2). Le même pouvoir est attribué au président de la République de Côte d'Ivoire (art. 49) : « Le président de la République a le droit de faire grâce », disposition identique à celle du texte français (art. 17). Ce pouvoir présentait une grande importance lorsque la peine de mort était appliquée ; sa survivance contre des condamnations à détention, semble un archaïsme encore répandu.

1.5.4. Le chancelier fédéral

Alors que le chancelier fédéral est le personnage le plus connu du monde politique allemand, depuis l'extérieur, il n'apparaît que tardivement dans la « loi fondamentale ».

Le chancelier fédéral élu sans débat par le Bundestag sur proposition du président fédéral[49], « fixe les grandes orientations de la politique et en assume la responsabilité. Dans le cadre de ces grandes orientations, chaque ministre fédéral dirige son département de façon autonome et sous sa propre responsabilité. Le gouvernement fédéral tranche

[49] Comme la reine d'Angleterre, le président allemand propose comme nouveau chancelier, le chef du parti le plus représenté à la chambre basse (ici, Bundestag. ; à Londres, Chambre des Communes).

les divergences d'opinion entre les ministres fédéraux. Le chancelier fédéral dirige les affaires du gouvernement selon un règlement intérieur adopté par le gouvernement fédéral et approuvé par le président fédéral » (LF, art. 65).

Dans la conception allemande, l'opinion du chancelier ne présente aucun caractère impérieux, contrairement à une pratique implantée en France depuis 1959. Les divergences qui s'expriment actuellement en France entre membres du gouvernement, le premier ministre et le président de la République, conduisent à des spéculations impensables à l'est du Rhin.

Au contraire l'art. 41, al. 3, de la constitution de la Côte d'Ivoire énonce : « Le premier ministre anime et coordonne l'action gouvernementale. »
Il ne peut le faire qu'en se conformant à la « ligne » arrêtée par le président de la République puisque la constitution de Côte d'Ivoire dispose : « Art. 50. Le président de la République détermine et conduit la politique de la Nation.
Art. 51. Le président de la République préside le conseil des ministres. »

En France comme en Côte d'Ivoire, le président de la République, monarque absolu élu pour une durée déterminée, dirige le pouvoir exécutif[50].

[50] Constitution de 1958, art. 21 : « Le premier ministre dirige l'action du gouvernement. Il est responsable de la Défense nationale. Il assure l'exécution des lois. Sous réserve des dispositions de l'article 13, il exerce le pouvoir réglementaire et nomme aux emplois civils et militaires.
Il peut déléguer certains de ses pouvoirs aux ministres.
Il supplée, le cas échéant, le président de la République dans la présidence des conseils et comités prévus à l'article 15. »

Alors qu'en Côte d'Ivoire comme en France, le président de la République est « chef des armées », le président fédéral allemand ne dispose d'aucun pouvoir sur les armées qui ne relèvent que du ministre de la Défense, pas même du chancelier : « Le ministre fédéral de la Défense exerce l'autorité et le commandement sur les forces armes » (LF, art. 65a)

Le chancelier fédéral allemand n'acquiert cette compétence que par une décision du Bundestag qui a promulgué l'état de défense.

En France, il fut exposé que le rôle de « chef des armées » avait été attribué par De Gaulle au président de la République parce que le 10 mai 1940, lorsque la Wehrmacht avait attaqué (faisant suite à la déclaration de guerre décidée et publiée par le France le 3 septembre 1939), aucun membre du gouvernement n'avait de façon explicite, le commandement de l'armée ; cette insuffisance grave aurait été la cause de la défaite française. Seul le général Maurice Gamelin (68 ans en 1940) avait commandé l'Armée française pendant la « drôle de guerre » de 1939-1940 et commandait au moment de l'offensive allemande, du fond de son abri, sans liaison sérieuse avec les forces au contact.

Pourquoi avoir attribué cette fonction de façon permanente au président de la République, alors que la guerre n'est qu'exceptionnelle et qu'elle doit être décidée par l'assemblée nationale ? La loi fondamentale allemande a soin de déterminer la responsabilité du chancelier dans la conduite d'une éventuelle guerre, sans lui donner un pouvoir qui semble exorbitant en temps de paix.

LF - Article 115b [Transfert au chancelier de l'autorité et du commandement sur les forces armées] : « La promulgation de l'état de défense [à la suite du vote du Bundestag] emporte transfert au chancelier fédéral de l'autorité et du commandement sur les forces armées ».

1.5.5. Le gouvernement fédéral

L'organisation du gouvernement n'est décrite qu'à partir de l'article 62 de la « loi fondamentale », alors que dans la constitution française (1958), il est organisé avant le parlement, juste après l'énoncé des pouvoirs du président de la République.

Dans des articles précédents, la loi fondamentale allemande énumère des obligations qui incombent au gouvernement notamment au profit du Bundestag ou du Bundesrat.

L'article 80 de la loi fondamentale souligne la prééminence de la loi, œuvre du parlement, sur les règlements ; un décret n'est possible que s'il a été autorisé par une loi : « Le gouvernement fédéral, un ministre fédéral ou les gouvernements des Länder peuvent être autorisés par la loi à édicter des règlements. Cette loi doit déterminer le contenu, le but et l'étendue de l'autorisation accordée. Le règlement doit mentionner son fondement juridique. »

On est très loin du texte français[51], comme du texte ivoirien[52].

En droit allemand, le concept de « gouvernement par ordonnances » est impensable.

---

[51] L'article 34 de la constitution de 1958, énumère de façon limitative les domaines sur lesquels le parlement peut légiférer. Tous les autres thèmes ne relèvent que du pouvoir réglementaire (art. 37 : « Les matières autres que celles qui sont du domaine de la loi ont un caractère réglementaire. »).

[52] De même, l'article 71 de la constitution ivoirienne de 2000, énumère de façon limitative les domaines sur lesquels le parlement peut légiférer, réservant les autres thèmes au pouvoir réglementaire (art. 76, 1er alinéa : « Les propositions et amendements qui ne sont pas du domaine de la loi sont irrecevables. ») À ce texte s'ajoute l'article 61 de la constitution : « L'Assemblée nationale vote la loi et consent l'impôt. »

1.5.6. Les Länder (États fédérés)

Les Länder disposent notamment de pouvoirs exclusifs de législation dans les domaines de la formation scolaire, de la culture, de la radio et de la télévision.

Dans les relations avec l'Union européenne, « dans la mesure où des intérêts des Länder sont touchés » (LF, art. 23, 5), « les modalités [..] sont réglées par une loi requérant l'approbation du Bundesrat » (LF, art. 23, 7).

« L'ordre constitutionnel des Länder doit être conforme aux principes d'un État de droit républicain, démocratique et social » (LF, art. 28, 1).

« Lorsque la Fédération a fait usage de sa compétence de législation, les Länder peuvent adopter des dispositions législatives qui s'en écartent en matière de :

1. chasse (sauf le droit des permis de chasse) ;
2. protection de la nature et conservation des sites (sauf les principes généraux du droit de la protection de la nature, le droit de la protection des espèces ou celui des espaces naturels marins) ;
3. répartition des terres ;
4. aménagement du territoire ;
5. régime des eaux (sauf les règles relatives aux substances et aux installations) ;
6. admission aux établissements d'enseignement supérieur et diplômes terminaux d'enseignement supérieur » (LF, art. 72, 3°).

En Allemagne, les communes ont le droit de régler, sous leur propre responsabilité, toutes les affaires de la communauté locale. Il en est ainsi, par exemple, de la fourniture d'électricité : aucun monopole ne détient le privilège de produire et de vendre l'électricité.

La conception initiale des Länder (certains regroupent plusieurs États anciens, tels le Bad-Würtemberg, la

Rhénanie du Nord-Westphalie) et leur éventuelle restructuration « en vue de permettre aux Länder d'accomplir efficacement les tâches qui leur incombent en fonction de leur dimension et de leur capacité », tiennent compte « des particularismes régionaux, des liens historiques et culturels, de l'opportunité économique, ainsi que des impératifs de l'aménagement du territoire et du développement régional » (LF, art. 29, alinéa 1er).

Les pouvoirs attribués aux Länder vont très loin : chaque Land peut entretenir des relations directes avec d'autres États : « Dans la mesure de leur compétence législative, les Länder peuvent, avec l'approbation du gouvernement fédéral, conclure des traités avec des États étrangers » (LF, art. 32, 3).

On peut imaginer de même, en Afrique, que les États membres d'une fédération soient autorisés par la constitution à emprunter auprès d'une institution internationale, un État étranger, pour peu qu'ils justifient de recettes suffisantes pour rembourser l'emprunt. Le développement régional ne serait plus alors du seul ressort du pouvoir central, mais des élus de chaque État membre.

La constitution allemande exclut que la population d'un ou plusieurs Länder fournissent la totalité des fonctionnaires fédéraux ; en outre, dans la mesure du possible, les fonctionnaires affectés dans un Land doivent en être originaires : « Les fonctionnaires des autorités administratives fédérales suprêmes doivent être choisis dans tous les Länder selon une juste proportion. Les personnes employées au service des autres autorités fédérales doivent être choisies en règle générale dans le Land où elles exercent leurs fonctions » (LF, art. 36, 1). Cette règle est d'autant plus nécessaire que chaque Land pratique un dialecte qui lui est propre, outre le « hoch Deutsch », langue commune.

Transposer cette règle en Côte d'Ivoire impliquerait :

- Que préfets et sous-préfets (autorités administratives suprêmes) soient prélevés dans toutes les régions ;
- Que le nombre des autres fonctionnaires nationaux venus de chaque région soit approximativement proportionnel à la part de chaque région dans la population totale ;
- De nommer prioritairement, par exemple, un Bété à Gagnoa en supposant qu'il dispose du diplôme et de la compétence nécessaire (inspecteur des impôts, magistrat, etc.), et un Yacouba ou un Wobé à Man, un Baoulé à Yamoussoukro, etc. ; de même au Mali, les fonctionnaires nommés dans le Nord du pays, devraient être de préférence, des Touaregs.

« (2a) Les Länder ont le pouvoir de légiférer en matière d'impôts locaux sur la consommation et certains éléments du train de vie, aussi longtemps et pour autant que ces impôts ne sont pas similaires à des impôts régis par la législation fédérale. Ils sont compétents pour fixer le taux des droits de mutation immobilière.

(3) Les lois fédérales relatives aux impôts, dont tout ou partie du produit revient aux Länder ou aux communes (ou groupements de communes), requièrent l'approbation du Bundesrat » (LF, art. 105).

Certains Länder (Thuringe) sont plus pauvres que d'autres (Bavière). Une péréquation est donc organisée de façon à ce que la fédération aide particulièrement les premiers (art. 107). Certaines de ces dispositions requièrent un vote du Bundesrat (chambre du parlement qui représente les Länder).

Gestion budgétaire : « (1) La Fédération et les Länder sont autonomes et indépendants les uns des autres dans leur gestion budgétaire (LF, art. 109).

En transposant en Côte d'Ivoire, indépendamment de

l'État central, chaque région, particulièrement celles de San Pedro, Sud-Comoé, Haut-Sassandra, etc., gèreraient des budgets propres à chacune, au lieu de ne disposer que des dotations du ministre des Finances, prélevées sur le budget général.

Des dispositions comparables appliquées dans les autres pays d'Afrique, permettraient de responsabiliser les autorités locales, allégeant les tâches et la responsabilité du pouvoir central, et rapprochant les décideurs des populations. Elles incorporeraient la prise en compte des écarts économiques qui apparaissent entre les régions « forestières » et celles du Sahel, entre celles dont le sol offre des minerais ou des hydrocarbures et celles qui sont démunies de telles richesses.

1.5.7. Le pouvoir judiciaire

L'indépendance des magistrats est parfaitement organisée en États-Unis où les trois pouvoirs fondamentaux relèvent du corps électoral et non d'une quelconque autorité administrative.

De même, en France, en 1790, les magistrats du siège comme du parquet étaient élus[53].

Toute autre organisation est sujette à méfiance.

Dans la loi fondamentale allemande, les dispositions concernant le pouvoir judiciaire figurent dans les articles 92 et suivants.

« Le pouvoir de rendre la justice est confié aux juges ; il est exercé par la Cour constitutionnelle fédérale, par les cours fédérales prévues par la présente Loi fondamentale et par les tribunaux des Länder » (LF, art. 92).

À défaut de relever du suffrage universel, la principale autorité judiciaire relève de la représentation nationale :

---

[53] Albert MATHIEZ, op. cit., pp. 143 sq.

« La Cour constitutionnelle fédérale se compose de juges fédéraux et d'autres membres. Les membres de la Cour constitutionnelle fédérale sont élus pour moitié par le Bundestag et pour moitié par le Bundesrat. Ils ne peuvent appartenir ni au Bundestag, ni au Bundesrat, ni au gouvernement fédéral, ni aux organes correspondants d'un Land » (LF, art. 94).

En Côte d'Ivoire, le président de la Cour suprême est nommé par décret du président de la République : la principale autorité judiciaire relève donc du pouvoir exécutif. Tous les magistrats sont nommés par le ministre de la Justice.

L'assemblée nationale ivoirienne n'intervient ni dans la désignation des membres de la Cour suprême si dans celle des membres du Conseil supérieur de la Magistrature ivoirien (art. 105 de la constitution).

Quelles que soient les précautions prises, la nomination par un ministre, incite des magistrats à vouloir le satisfaire dans un souci de carrière.

Par contre, en Allemagne, même les autres magistrats sont désignés par une commission à laquelle participent les élus : « dans les domaines de la juridiction ordinaire, de la juridiction administrative, de la juridiction financière, de la juridiction du travail et de la juridiction sociale » (LF, art. 95, 1), les juges « sont nommés par le ministre fédéral compétent pour la matière considérée, conjointement avec une commission chargée de l'élection des juges, composée des ministres des Länder compétents pour la matière considérée et d'un nombre égal de membres élus par le Bundestag » (LF, art. 95, 2). L'assemblée nationale conserve donc un regard sur ces nominations.

« Les tribunaux d'exception sont interdits. Nul ne doit être soustrait à son juge légal » (LF, art. 101).

Indépendance des juges (LF, art. 97)

« (1) Les juges sont indépendants et ne sont soumis qu'à la loi.

(2) Les juges nommés définitivement à titre principal dans un emploi permanent ne peuvent, avant l'expiration de leurs fonctions et contre leur gré, être révoqués, suspendus définitivement ou temporairement de leurs fonctions, mutés à un autre emploi ou mis à la retraite qu'en vertu d'une décision de justice, et uniquement pour les motifs et dans les formes prévus par la loi. La législation peut fixer les limites d'âge auxquelles les juges nommés à vie sont admis à faire valoir leurs droits à la retraite. En cas de modification de l'organisation des tribunaux ou de leurs ressorts territoriaux, les juges pourront être mutés à un autre tribunal ou relevés de leurs fonctions en conservant toutefois le bénéfice de l'intégralité de leur traitement.

(3) Le statut des juges des Länder est fixé par des lois spéciales de Land, dans la mesure où l'article 74, al. 1, n° 27, n'en dispose pas autrement ».

Statut des juges dans la Fédération et les Länder (art. 98)

« (2) Si, dans l'exercice de ses fonctions ou en dehors de celles-ci, un juge fédéral contrevient aux principes de la Loi fondamentale ou à l'ordre constitutionnel d'un Land, la Cour constitutionnelle fédérale peut, à la demande du Bundestag et à la majorité des deux tiers, ordonner la mutation du juge à d'autres fonctions ou sa mise à la retraite. Si le juge y contrevient intentionnellement, la révocation peut être prononcée ».

Les articles 97 et 98 de la LF n'introduisent pas de différence entre les « juges du siège » et ceux du

« parquet ». S'ensuit que l'indépendance des uns et des autres permet à la cour européenne de Justice de les reconnaître comme magistrats, alors que les magistrats des parquets français ne sont considérés que comme des fonctionnaires à la disposition de leur ministre.

Il en serait de même des magistrats des parquets ivoiriens : l'article 103, al. 2 de la constitution de 2000, n'accorde l'inamovibilité (faible mesure destinée à défendre l'indépendance des magistrats) qu'aux magistrats du siège.

En Côte d'Ivoire comme en France, la désignation des magistrats échappe aux représentants de la Nation. De surcroît, en Côte d'Ivoire, le Conseil supérieur « donne son avis conforme » (art. 106), mais ne désigne pas les nouveaux magistrats.

En Allemagne, au contraire de ce qui est fait en France et plus encore de la pratique ivoirienne, pour devenir avocat, il est nécessaire d'avoir été d'abord magistrat.

1.6. Conclusion

Une constitution fédérale est donc nécessaire, mais non suffisante.

Une équitable répartition des recettes provenant des ressources minérales dont le pétrole, est également indispensable.

S'agissant du recrutement des magistrats, la solution la plus conforme à la séparation des pouvoirs enseignée par Montesquieu, est leur élection, qu'il s'agisse de magistrats du siège ou du parquet. Il est aussi acceptable qu'ils soient désignés sous l'étroit contrôle de l'assemblée nationale.

Leur nomination par le ministère de la Justice place leur carrière sous sa dépendance.

CHAPITRE DEUX – QUELQUES CONDITIONS JURIDIQUES FAVORISANT UN RÉEL DÉVELOPPEMENT

> « Vous verrez comme est simple et facile l'exercice de vos fonctions sacrées, qui consistent principalement à ne pas empêcher le bien qui se fait tout seul et à punir, par le ministère des magistrats, le petit nombre de ceux qui portent atteinte à la propriété d'autrui. » (Pierre Samuel du Pont de Nemours)

Résumé

Le lecteur découvre qu'un développement réel ne peut intervenir que dans un cadre de pleine liberté des opérateurs. Ces derniers doivent pouvoir concevoir, avec l'aide d'avocats, d'experts-comptables spécialisés, les montages qui leur sont nécessaires, que ce soit pour constituer une société, conquérir un nouveau territoire, aborder le marché immobilier, etc., régler les éventuels conflits qui opposent des partenaires.

Abstract

The reader discovers that a real development is only possible if all the operators act within the framework of a total freedom. They must be free to conceive, eventually helped by lawyers, by chartered accountants, the assemblies which are necessary for them either to establish a company, or to conquer a new territory, enter the real estate market, etc., to solve a possible conflict which brings partners into conflict.

Mots-clés: UEMOA, contrôle des sorties d'argent, monopoles, licence d'exportation, APIE, innovation, marché financier, corruption, ingénierie financière, barrières douanières, arbitrage, liberté contractuelle, procédure collective, code civil, contrat

Plan

2.1. Suppression des contrôles de sortie d'argent imposés par l'UEMOA
2.1.1. Frein aux entrées financières
2.1.2. Les prises de participation dans des entreprises extérieures à l'espace UEMOA, sont impossibles
2.2. Fin des monopoles
2.3. Abrogation des APIE
2.4. Liberté d'innovation
2.4.1. Conception de nouveaux produits, nouvelles méthodes de production
2.4.2. Liberté contractuelle du droit des affaires
2.5. Animation du marché financier
2.6. Écrasement de toute forme de corruption
2.7. Sécurité juridique des transactions
2.7.1. Imprécision des textes
2.7.2. Stabilité des textes
2.7.3. Sécurité juridique des transactions
2.7.4. Accessibilité de la norme et garantie des libertés
2.7.5. Libre circulation des marchandises : abolition des barrières douanières
2.7.6. Libre conception de nouvelles formes de relations juridiques
2.8. Code civil des Ivoiriens
2.9. Sécurité judiciaire
2.10. Modes alternatifs de résolution des litiges
2.10.1. Arbitrage
2.10.2. Médiation
2.10.3. Droit collaboratif et procédures participatives
2.10.3.1. Droit collaboratif
2.10.3.2. Procédure participative
2.10.4. Procédure d'action de groupe (*Class action*)
2.11. Conclusion

Développer

Depuis de nombreuses années l'Afrique subsaharienne affiche des taux de croissance positifs et supérieurs à 5% en moyenne, parfois de l'ordre de 9 %, ce qui serait heureux si cette croissance résultait d'une production industrielle, et non de massives exportations de produits de base, particulièrement de matières minérales qui s'épuisent progressivement. Ces exportations sont sans incidence sur le niveau de la pauvreté. De prétendus « spécialistes » de la prospective estiment qu'avec de tels taux de croissance, l'avenir est radieux ; les mêmes ou leurs professeurs affirmaient vers 1960 que le développement de l'Afrique était entravé par l'insuffisance du nombre de ses habitants. Aujourd'hui, l'Afrique est en voie de devenir le continent le plus peuplé ; elle reste le plus pauvre : les « élites » de 1960 se sont trompées lourdement ; leurs héritiers persistent dans l'erreur : au XXIe siècle comme aux deux précédents, le développement résulte d'abord de l'emploi des hommes ; l'industrie en est le plus gros employeur de toutes qualifications.

Outre les dispositions envisagées plus haut (État de droit, « *demos kratein* », État fédéral), les conditions juridiques d'un réel développement impliquent que la plus ample liberté d'invention juridique soit laissée aux entreprises, la suppression des contrôles de sortie d'argent imposés par l'UEMOA, la fin des monopoles, la liberté d'innovation, l'animation du marché financier, l'écrasement de toute forme de corruption, la sécurité juridique des transactions.

« Tout le monde s'accorde à dire que l'on a besoin de réformes internes vers la libéralisation du commerce et l'intégration dans l'économie mondiale. Ces réformes comprennent l'amélioration des infrastructures, l'établissement d'instituts pour la protection, et l'exercice des lois pour le respect des droits de propriété et la gestion générale, la concurrence, l'amélioration des systèmes financiers et du financement des entreprises.[54] »

Libéraliser la production du droit des affaires

Au XVIIIe siècle, une ordonnance du roi Louis XVI décida qu'un tonneau contenant de l'eau devait être installé au milieu du pont des bateaux. Le roi qu'il convient de dire « absolu », n'entendait pas inventer la navigation, mais seulement veiller à la sécurité des navires et prévenir le risque d'incendie alors qu'ils étaient construits en bois. Ce tonneau permettait de fumer, sans risque de faire tomber des petites braises qui eussent incendié le navire.

Il convient de revenir à des textes qui accompagnent le mouvement né de l'initiative privée, et de renoncer à la domination fonctionnaire. L'absolutisme administratif en vigueur dans l'espace OHADA est plus tatillon que celui contre lequel furent soulevées les révolutions de 1789 et 1792-93. En ce temps, le commerce était régi en France par l'ordonnance sur le commerce de terre de 1673 et celle sur la marine de 1681. Le droit du commerce international (*lex mercatoria*) était alors fourni pour l'essentiel, par l'Italie.

L'OHADA et les gouvernements des États membres, anciennement colonies de la France, restent fortement marqués par le passé colonial, une époque où l'initiative n'était que rarement laissée aux « indigènes », tandis que l'administration coloniale imposait ses règles.

S'ensuit un droit des sociétés dont la plupart des

---

[54] Makhous MONZER, *Pétrole et développement dans le monde arabe : des révolutions en chaîne*, L'Harmattan, Paris, 2011, p.207.

dispositions statutaires sont imposées par les actes uniformes, sur le modèle de la loi du 24 juillet 1966 et le décret du 23 mars 1967, incorporés dans le code de Commerce français.

La rédaction des statuts d'une société consiste pour l'essentiel, à copier les dispositions de l'acte uniforme. Les libertés laissées aux rédacteurs se limitent aux seuls points que le législfacteur[55] ne peut imposer. La loi française du 24 juillet 1966 impose de copier la quasi-totalité des dispositions légales, ne laissant aux fondateurs que douze (SARL) ou treize (SA) points à leur initiative :

	SA	**SARL**
1	Noms des fondateurs	Noms des fondateurs
2	Dénomination sociale	Dénomination sociale
3	Forme de la société	Forme de la société
4	Siège	Siège
5	Objet	Objet
6	Capital social	Capital social
7	Nombre et valeur nominale des actions	Nombre et valeur nominale des parts sociales
8	Durée de la société	Durée de la société
9	Mode de transfert des actions	Cession des parts entre associés.
10	Si la cession des actions est soumise à une décision du conseil d'administration, règle de dévolution des actions des actions en cas de décès d'un actionnaire	Transmission des parts en cas de décès d'un associé
11	SA à directoire ou conseil	Pouvoirs du (des) gérant(s)

[55] Le terme « législfacteur » est collectif ; il désigne toutes les institutions (internationale, nationale, collectivité territoriale, etc.), tous les acteurs (député, sénateur, ministre, préfet, maire, etc.) ayant qualité pour produire du droit et en imposer l'application.

	d'administration	et durée de ses (leurs) fonctions.
12	Nombre de membres du conseil d'administration ou du directoire	Nom du premier gérant ou renvoi vers l'assemblée constitutive qui le désignera
13	Forme des actions	

Seule la « société par actions simplifiée » (loi française du 3 janvier 1994 et acte uniforme révisé portant droit des sociétés commerciales et du GIE, art. 853-1 et suivants, outre des dispositions antérieures), échappe à cette chape de contraintes :

L'espace OHADA comme les États membres de cette organisation perpétuent l'étatisme-socialisme français. Pour eux, tout ce qui n'est pas expressément voulu et organisé par un État ou une organisation interétatique à laquelle il appartient, est strictement interdit.

Au contraire, dans un pays libéral ou ensemble de pays libéraux, tout ce qui n'est pas expressément interdit, est légitime, peut donc être entrepris.

Dans une conception étatiste-socialiste, le droit de l'OHADA doit nécessairement régir toutes les activités humaines qui relèvent du « droit des affaires ». L'organisation a seule qualité pour concevoir les dispositions favorisant la collecte de l'épargne en vue de la production d'immeubles bourgeois en grand nombre, indispensables pour loger une population croissante en raison d'une active urbanisation, et implanter les sièges d'entreprises nouvelles. Une proposition en ce sens a été présentée à l'UEMOA en 2007, puis à nouveau en 2009, et toujours repoussée en l'absence de textes.

Les États membres de l'OHADA refusent de voir l'initiative privée ouvrir de nouvelles voies. Pour eux, toute initiative doit être entreprise par les fonctionnaires sous l'autorité d'un ministre. Cette attitude exclut le libéralisme producteur d'innovations de toute nature, moteurs de la croissance la plus intense, au profit d'un bureaucratisme étouffant.

Il en est ainsi notamment des instruments offrant aux entreprises de nouvelles bases de financement de longue durée, favorisant l'appel à des ensembles de capitalistes désireux d'investir dans l'immobilier en répondant aux besoins d'une entreprise, ou à une institution spécialisée dans ce genre de placement.

Il est nécessaire d'étendre le domaine du droit des affaires aux relations entre investisseurs dans l'immobilier d'entreprise qu'attirent la sécurité du placement (être propriétaire temporaire d'un immeuble ou d'une fraction de celui-ci) et la permanence d'un revenu fixe (un loyer calculé sur des bases particulières), et investisseurs industriels ou commerciaux qui en acceptent le risque de l'entreprise et en attendent un revenu conséquent.

Des formes de financement des sociétés sont encore absentes des actes uniformes de l'OHADA :

- Le contrat de lease-back ;
- Les sociétés d'investissement immobilier, particulièrement dans leur forme de sociétés civiles faisant appel public à l'épargne.

Les bases figurent dans le code civil mais doivent être complétées et précisées, en se fondant sur les dispositions de l'Acte uniforme révisé portant droit des sociétés commerciales et du groupement d'intérêt économique (AUSCGIE) ; elles doivent être également complétées pour mentionner notamment les contrôles indispensables portant sur la valeur des actifs, la régularité et la sincérité des comptes et des états financiers.

Droit de propriété privée

S'agissant du droit de propriété, la Déclaration de 1789 énonce un principe qui ne devrait jamais être éludé, énoncé en deux articles :

- art. 2 : « Le but de toute association politique est la conservation des droits naturels et imprescriptibles de l'Homme. Ces droits sont la liberté, la propriété, la sûreté, et la résistance à l'oppression » ;
- art. 17 : « La propriété étant un droit inviolable et sacré, nul ne peut en être privé, si ce n'est lorsque la nécessité publique, légalement constatée, l'exige évidemment, et sous la condition d'une juste et préalable indemnité. »

Sur ce point, il est regrettable que la constitution de 2000 ait écarté cette référence.

* *Expropriation pour cause d'utilité publique*

Dans un arrêt rendu le 15 avril 2016, le conseil d'État français[56] a précisé les conditions nécessaires pour que l'utilité publique soit constatée : 1°) présence d'un budget suffisant pour financer le projet envisagé, 2°) que l'avantage apporté par le projet soit certain, 3°) que la réalisation du projet soit immédiate. Il n'a pas rappelé, parce que cela est évident, que le propriétaire évincé doit être indemnisé préalablement à son départ et que l'indemnité proposée par l'administration, peut être contestée devant le tribunal civil (tribunal de grande instance en France, tribunal de première instance en Côte d'Ivoire).

---

[56] Conseil d'État, séance du 23 mars 2016 - lecture du 15 avril 2016, Fédération nationale des associations des usagers des transports.

** Bail emphytéotique*

Un bail emphytéotique (en Côte d'Ivoire, la loi du 25 juin 1902 relative au bail emphytéotique, régit de manière générale les contrats de location de longue durée concernant tous les immeubles[57], particulièrement ceux du domaine urbain) ; il confère au locataire les droits d'un quasi-propriétaire pendant toute sa durée qui peut atteindre 99 années en droit dérivé du droit français, voire 999 années au Kenya et au Zimbabwe. Le preneur ne peut donc être évincé avant la fin du contrat, sauf à lui verser une juste et préalable indemnité dans le cas d'une expulsion pour une cause d'utilité publique démontrée.

** Prescription acquisitive*

L'article 2258 du code civil français énonce : « La prescription acquisitive est un moyen d'acquérir un bien ou un droit par l'effet de la possession sans que celui qui l'allègue soit obligé d'en rapporter un titre ou qu'on puisse lui opposer l'exception déduite de la mauvaise foi. »

L'article 2272 du même code stipule :

« Le délai de prescription requis pour acquérir la propriété immobilière est de trente ans.

Toutefois, celui qui acquiert de bonne foi et par juste titre un immeuble en prescrit la propriété par dix ans. »

En résulte que la détention d'un immeuble depuis plus de trente ans, attribue au détenteur le droit de propriété sur ce bien. L'absence de titre ne permet pas de contester ce droit.

Ces deux textes sont absents du code civil de Côte d'Ivoire qui présente, par contre, un article 2265 d'après

---

[57] Côte d'Ivoire, ministère de l'Agriculture, *Termes de référence – Étude sur la location et la vente de terres rurales en Côte d'Ivoire*, non daté, p. 2

lequel : « celui qui acquiert de bonne foi et par juste titre un immeuble, en prescrit la propriété par dix ans, si le véritable propriétaire habite dans le ressort de la cour d'appel dans l'étendue de laquelle l'immeuble est situé, et de vingt ans s'il est domicilié hors dudit ressort. »

Prétendre à une prescription acquisitive en matière immobilière, impose de disposer d'un titre.

Albert LEY[58] montre que la « prescription acquisitive » et les règles coutumières de Côte d'Ivoire sont en contradiction. Exclure du « droit moderne » cette prescription revient à outrepasser le principe énoncé par le décret du 30 août 1900 sur le « régime des terres domaniales », selon lequel les « biens sans maître sont ceux sur lesquels aucune possession coutumière ni moderne, aucune propriété, ne sont revendiquées. »

C'est faire fi des dispositions du décret du 26 juillet 1932 encore en vigueur dans le « domaine urbain », qui dispose en son article 83 : « Dans les parties de l'AOF où la tenure du sol par les habitants ne présente pas tous les caractères de la propriété privée, telle qu'elle existe en France, le fait, par un ou plusieurs détenteurs de terres, d'avoir établi par la procédure de l'immatriculation, l'absence de droits opposables à ceux qu'ils invoquent, a pour effet, quels que soient les incidents de ladite procédure, de consolider leurs droits d'usage et de leur conférer les droits de disposition reconnus aux propriétaires par la loi française ».

C'est également compter pour néant les dispositions du décret du 29 septembre 1928 réglementant le domaine public en AOF[59], modifié d'après lequel : « [...] les possesseurs de

---

[58] Albert LEY, *Le régime domanial et foncier et le développement économique de la Côte d'Ivoire*, coll Bibliothèque africaine et malgache XVIII, LGDJ, Paris,, p. 267 à 272.

[59] Décret du 29 septembre 1928 réglementant le domaine public en AOF, JORF n° 257, 31 octobre 1928, pp. 11590 sq.

terrains compris dans le domaine public ne peuvent être évincés que moyennant le paiement [...] d'une juste et préalable indemnité. [...] certains propriétaires de terrains présumés vacants [...] ne se révèlent qu'après plusieurs années d'occupation par les services publics [...][60] ».

** Compromis de vente d'un immeuble, authentique*

La procédure de vente des immeubles en Afrique de l'Ouest est très lourde, très lente, probablement par crainte de fraudes susceptibles d'être commises par des vendeurs.

En résulte que le long délai qui sépare un accord verbal de la signature de l'acte authentique, peut conduire l'une des parties (le candidat acquéreur, le plus souvent) à abandonner. Ce long délai est nécessaire pour collecter des documents dont certains sont coûteux (expertise immobilière, 450.000 f cfa ; attestation de localisation, 150.000 f cfa) ; payer ces frais sans être certain que le processus aboutisse, est déplaisant pour les deux parties.

Pour éliminer ce risque, les agences immobilières font signer en France des « compromis de vente sous seings privés qui ne laissent que dix jours au candidat acquéreur pour se rétracter.

Pour préserver le privilège des notaires tout en éliminant le risque d'abandon, il est nécessaire d'instituer une « convention provisoire synallagmatique, authentique ». Celle-ci serait rédigée par un notaire dans un très bref délai, sans la moindre vérification et sans responsabilité à la charge du notaire. Ce document ne comporterait que :

- L'identité des parties ;

---

60 Rapport au président de la République suivi du décret du 7 septembre 1935 portant modification au décret du 29 septembre 1928, réglementant le domaine public en AOF *Bulletin officiel du ministère des colonies*, 1935, tome 49ème, n° 1 à 12, Paris, 1936, n° 583, p. 925.

- La désignation de l'immeuble sous la seule responsabilité du vendeur ;
- La nature de l'engagement : vente pure et simple d'un immeuble existant ou vente en état futur d'achèvement ;
- Le prix convenu.

Il pourrait donner un court délai de rétractation à l'acquéreur (dix jours, par exemple) au-delà duquel il serait lié, sauf si une clause mentionne que le compromis est soumis à la condition suspensive de l'attribution d'un prêt. Le refus de la banque suffirait alors pour rendre caduc le compromis.

Ce contrat préciserait que la vente devra être réitérée par acte authentique dont la signature n'interviendra qu'après que le notaire ait procédé aux contrôles que les textes et les usages imposent.

La signature de ce compromis serait assortie du versement au notaire d'un dédit, par le candidat acquéreur, qu'il perdrait au cas où il renoncerait à l'opération.

Dans le cas où la rupture serait le fait du vendeur, celui-ci devrait verser au candidat acquéreur, un dédommagement du même montant.

* *Compromis de vente d'un immeuble sous seings privés*

L'interdiction de la forme « sous seings privés » pour tout acte portant sur un immeuble, présente dans diverses législations d'Afrique, est excessive.

La lourdeur de la procédure conduisant à un acte authentique en matière immobilière, favorise abusivement les retournements des éventuels acquéreurs.

Il est indispensable que cette réglementation évolue et autorise la rédaction du « compromis de vente sous seings privés » au moins dans les circonstances suivantes :

- Le rédacteur de l'acte sous seings privés est une agence immobilière agréée par le ministère de la Construction ou autre autorité compétente ;
- L'immeuble est à usage professionnel, commercial industriel ou artisanal et l'acquéreur potentiel est immatriculé au RCCM.

Cette seconde hypothèse est fondée sur le principe d'autonomie de la volonté des commerçants et autres professionnels et de leur liberté de s'engager. Cette liberté et cette autonomie de la volonté sont inscrites dans l'article 1134 du code civil : « Les conventions légalement formées tiennent lieu de loi entre ceux qui les ont faites. » Le professionnalisme des commerçants et autres professionnels, et leur habitude à s'engager contractuellement, écartent la nécessité d'une protection par l'autorité publique. S'agissant de l'achat d'un immeuble, l'intervention du notaire, rédacteur de l'acte définitif, suffit.

De façon générale, ce « compromis » ne porte pas mutation ; il doit être subordonné, s'il est utile, à la condition suspensive de l'attribution par une banque, du prêt nécessaire au paiement de l'immeuble.

La mutation ne résulte que du contrat authentique ultérieur dont la rédaction est précédée par divers contrôles à la charge du notaire (en particulier, celui du strict paiement par le vendeur de l'impôt foncier pour toutes les années non prescrites), qui peuvent aboutir à la nullité du compromis.

Blanchiment

Les directives européennes qui organisent la lutte contre le blanchiment et les lois nationales qui en découlent, font fi du concept d'État de droit. Elles assimilent l'optimisation fiscale, moyen de lutte contre les abus fiscaux des États[61], au terrorisme et à la grande criminalité. Elles confient le traitement des dossiers des présumés « blanchisseurs » non à des tribunaux dont les membres sont indépendants du pouvoir exécutif et devant lesquels des règles procédurales visent à favoriser la défense de l'accusé (Rudolf von Ihering, 1818-1892), mais à une instance administrative relevant du ministre des Finances, donc très étroitement dépendante du pouvoir exécutif.

Le poids économique et militaire de l'États-Unis[62] lui a permis d'imposer cette lutte ainsi hypocritement présentée, à l'Union européenne, puis progressivement à un très grand nombre d'États, instituant indirectement une nouvelle conception des finances publiques : alors qu'une règle non écrite imposait aux États de limiter leurs dépenses en fonction des recettes attendues, il apparaît convenable de décider les dépenses quelle qu'en soit la masse, puis de chercher les recettes nécessaires pour les

---

[61] Un adage ancien affirme : « trop d'impôt tue l'impôt. » Il incite les États à ne mettre en recouvrement que des impôts modérés, répartis entre tous les habitants. En Suède, l'impôt sur le revenu est proportionnel à celui-ci. La courbe de Laffer montre que lorsque l'impôt est déjà excessif, son augmentation conduit à une baisse de la recette publique : les agents économiques sont incités à moins travailler, ou même à transférer leur activité vers un pays à la fiscalité plus modérée. C'est ainsi, par exemple, que les jeunes médecins quittent la France pour le Royaume Uni ou la Norvège, que les entreprises délocalisent.

[62] Particulièrement les présidents William Clinton et Barack Hussein Obama.

couvrir, très souvent en empruntant bien au-delà de la capacité d'épargne des nationaux, donc sur le marché international.

Au contraire, une loi adoptée en 1984, *Foreign Sales Corporation*, FSC[63], permet à une société américaine de localiser ses bénéfices à l'exportation dans une filiale implantée dans des paradis fiscaux, réalisant par ce biais une économie d'impôts pouvant aller jusqu'à 30 %. À la suite d'une procédure entreprise par l'Union européenne, le Congrès de l'États-Unis a adopté de nouvelles dispositions en 2000, qui abrogeaient les articles 921 à 927 de « Internal Revenu code ». L'Union européenne a considéré que la subvention dissimulée antérieurement (le dépôt des revenus dans les paradis fiscaux) n'avait pas disparu. Elle n'est pas allée plus loin, conservant ce dossier comme moyen de pression.

Les pressions exercées par les présidents George W. Bush[64] et Barack Hussein Obama[65], n'ont eu d'autre effet que de priver l'Union européenne de rentrées d'argent. En 2002, l'ex-secrétaire d'État au Trésor, Paul O'Neil, regrettait qu'on ne puisse s'emparer de l'argent du terrorisme que bien après qu'il eut été employé ; « mais alors il est trop tard »[66]. Des analyses ultérieures ont montré que « contrairement à ce que l'on dit d'ordinaire, l'argent n'est pas l'oxygène du terrorisme.[67] » Ce dernier

---

63 *US Tax Code - Subpart C - Taxation of Foreign Sales Corporations.*

64 *USA Patriot Act*, 26 octobre 2001.

65 Réforme du *Patriot Act* proposée par l'administration Obama, 2 juin 2015. Le *Patriot Act* aura été suspendu moins de 48 heures.

66 Cité par Ron SUSKIND, *The Price of Loyalty : George W. Bush, the White House, and the Education of Paul O'Neill*, Simon & Schuster, 2004, p. 199.

67 Ibrahim WARDE, *Propagande impériale et guerre financière contre le terrorisme*, Agone/Le Monde diplomatique, Paris, 2007, p. 23.

n'est plus qu'un prétexte. Le système de « confession » imposé aux personnes qui veulent rapporter des fonds dans un pays de l'Union européenne dissuade d'y importer des capitaux ; il n'a par ailleurs, comme la France l'a montré en 2015 et 2016, aucun effet sur le terrorisme[68].

Plus habile, en 2013, le président Vladimir V. Putin avait soutenu Chypre contre le FMI, la BCE et l'Union européenne qui tentaient de lui imposer de frapper d'un impôt, les dépôts bancaires dont beaucoup appartenaient à des oligarques russes ayant sorti des fonds de Russie clandestinement, mais les y réimportant de façon apparente[69].

Un État bien géré cherche à limiter les sorties de fonds ; il ne brime pas les fonds qui entrent. L'attitude inverse relève d'une sorte de puritanisme malsain et néfaste comme tous les autres.

La Lorelei attire par son chant, les navires sur les récifs. De même, les présidents états-uniens successifs, par leurs recommandations, ont attiré les navires financiers français sur les hauts fonds économiques. La France fut une destination financière pour les apparatchiks russes ; elle ne l'est plus ; les manœuvres dictées par son suzerain l'ont perdue. Un concurrent de moins pour l'États-Unis.

2.1. Suppression des contrôles de sortie d'argent imposés par l'UEMOA

En imposant une autorisation du ministre des Finances, préalablement à toute sortie d'argent, l'UEMOA obtient deux effets :

---

[68] C. GARRIER, « Liberté et sécurité », *Cahiers de l'IREA* n° 1, 5 mars 2016, pp. 133-188.

[69] C. GARRIER, *Géostratégie des entreprises – Propositions pour la zone OHADA*, L'Harmattan, Paris, 2014, p. 118.

- Elle dissuade d'entrer les investisseurs qui craignent de mettre leur argent dans un piège ;
- Elle s'oppose à ce que les résidents des États membres acquièrent des participations dans des entreprises placées à l'extérieur de son espace[70] et conquièrent ainsi des territoires commerciaux.

2.1.1. Frein aux entrées financières

Dans l'espace UEMOA, les mouvements de capitaux transfrontaliers sont réglés de façon différente selon qu'ils demeurent dans la zone[71] ou en sortent.

Dans le règlement de l'UEMOA[72], « le terme étranger désigne tous les pays en dehors de l'UEMOA pour le contrôle de la position des établissements de crédit vis-à-vis de l'étranger ainsi que pour le traitement » des diverses opérations financières. L'article 7 de ce règlement précise les paiements autorisés à destination de l'étranger. « Les paiements à destination de l'étranger au titre des opérations en capital, autres que ceux prévus à l'alinéa précédent doivent faire l'objet d'une demande d'autorisation de change, soumise au ministre chargé des Finances. Chaque demande d'autorisation doit être accompagnée des pièces justificatives attestant de la nature et de la réalité de l'opération » (art. 7 *in fine*) et du paiement d'une taxe lorsque le montant viré excède la

[70] L'acquisition d'une participation dans une société dont le siège est hors de l'espace UEMOA, cette dernière impose que 75 % du financement soit offert par une banque du pays-cible.

[71] Règlement n° 09/2010/CM/UEMOAI, art. 6 : « Les opérations d'investissement, d'emprunt, de placement et d'une manière générale, tous les mouvements de capitaux entre États membres de l'UEMOA sont libres et sans restriction aucune, conformément aux articles 76 paragraphe d, 96 et 97 du Traité modifié de l'UEMOA et à l'article 3 du Traité de l'UMOA. ».

[72] Règlement n° 09/2010/CM/UEMOAI, *op. cit.*

somme de 1.967.871,00F. CFA soit 3.000 €.

Les opérateurs qui ne se conforment pas à ces obligations encourent le paiement d'une pénalité en application de la directive n° 07/2002/CM/UEMOA – 589 du 1er octobre 1990, relative à la lutte contre le blanchiment de capitaux dans les États membres de l'UEMOA[73], outre l'ordre d'arrêt et d'annulation irréversible de l'opération prononcée par le Bureau d'enquête financière de Côte d'Ivoire.

Une réglementation complexe organise ces autorisations, selon le statut de la personne qui la demande, selon le motif de la demande (transfert du prix de vente d'un immeuble, transfert pour acquisition d'une participation, transfert pour achat de marchandises, etc.). En Côte d'Ivoire, la direction du Trésor est chargée de leur application.

Nous verrons plus loin que prendre une participation dans une entreprise hors de l'espace UEMOA est rendu presque impossible

Mahir Binici, Michael Hutchison et Martin Schindler (2010) se sont focalisés sur les restrictions de sorties de

---

[73] En droit interne ivoirien, l'organisation de la répression du blanchiment d'argent lié à des crimes ou délits, est organisée par la loi du 28 novembre 2005 relative à la lutte contre le blanchiment de capitaux. Cette loi dispose qu'il y a blanchiment de capitaux (art. 3, al. 2) « même si :
- l'auteur des crimes ou délits n'a été ni poursuivi ni condamné ;
- il manque une condition pour agir en justice à la suite desdits crimes ou délits. »
Cette loi s'applique (art. 5) « à toute personne physique ou morale qui, dans le cadre de sa profession, réalise, contrôle ou conseille des opérations entrainant des dépôts, des échanges, des placements, des conversions ou tous autres mouvements de capitaux. » Elle s'applique particulièrement aux « membres des professions juridiques indépendantes, lorsqu'ils représentent ou assistent des clients en dehors de toute procédure judiciaire. »

capitaux et constatent qu'elles sont plus efficaces dans les pays avancés que les autres, en raison peut-être d'une meilleure qualité des institutions et de la réglementation. Plus récemment, Christian Saborowski, Sarah Sanya, Hans Weisfeld et Juan Yepez (2014) ont étudié l'efficacité des restrictions des sorties de capitaux à partir d'un échantillon de 37 pays en développement sur la période entre 1995 et 2010. Ils cherchent à déterminer si un resserrement des restrictions de sorties contribuent à réduire les sorties nettes de capitaux. Ils constatent qu'un resserrement des restrictions réduit en moyenne les sorties brutes de capitaux. Un resserrement des restrictions serait plus efficace s'il est soutenu par de forts fondamentaux macroéconomiques et de bonnes institutions ou si les restrictions existantes sont déjà assez complètes. Lorsqu'aucune des trois conditions n'est respectée, un resserrement des restrictions échoue à réduire les sorties nettes.

Cependant, les mêmes auteurs relèvent qu'il y a aussi une contraction des entrées brutes de capitaux (celles des investisseurs étrangers), qui est plus ample que la contraction des sorties. Le solde est donc néfaste pour la balance des paiements.

Il est donc nécessaire de supprimer ces contrôles néfastes à l'entrée des investisseurs étrangers et à l'intervention des ressortissants de l'UEMOA dans des pays tiers.

2.1.2. Impossible de prendre des participations dans des entreprises extérieures à l'espace UEMOA

Liberté d'activité économique à l'intérieur du territoire de l'UEMOA

Le traité du 10 janvier 1994 portant création de

l'UEMOA, impose :

- la libre circulation des personnes à l'intérieur de l'Union[74],
- la libre circulation des capitaux[75] ;
- la liberté d'investissement entre membres de l'Union et la libre création d'entreprises[76].

---

[74] Art. 91, 1° : « 1) Sous réserve des limitations justifiées par des motifs d'ordre public, de sécurité publique et de santé publique, les ressortissants d'un État membre bénéficient sur l'ensemble du territoire de l'Union de la liberté de circulation et de résidence qui implique :
- l'abolition entre les ressortissants des États membres de toute discrimination fondée sur la nationalité, en ce qui concerne la recherche et l'exercice d'un emploi, à l'exception des emplois dans la Fonction Publique ;
- le droit de se déplacer et de séjourner sur le territoire de l'ensemble des États membres - le droit de continuer à résider dans un État membre après y avoir exercé un emploi. »

[75] Art. 96 : « Dans le cadre du présent traité, les restrictions aux mouvements à l'intérieur de l'Union, des capitaux appartenant à des personnes résidant dans les États membres sont interdites. »

[76] Art. 92, 1°, 2° et 3° : « 1) Les ressortissants d'un État membre bénéficient du droit d'établissement dans l'ensemble du territoire de l'Union.
2) Sont assimilées aux ressortissants des États membres, les sociétés et personnes morales constituées conformément à la législation d'un État membre et ayant leur siège statutaire de leur administration centrale ou leur principal établissement à l'intérieur de l'Union.
3) Le droit d'établissement comporte l'accès aux activités non salariées et leur exercice ainsi que la constitution et la gestion d'entreprises, dans les conditions définies par la législation du pays d'établissement pour ses propres ressortissants, sous réserve des limitations justifiées par des raisons d'ordre public, de sécurité publique et de santé publique. »
Art. 93 : « Les ressortissants de chaque État membre peuvent fournir des prestations de services dans un autre État membre dans les mêmes conditions que celles que cet État membre impose à ses propres ressortissants, sous réserve des limitations justifiées par des raisons d'ordre public, de sécurité publique et de santé publique et sans préjudice des exceptions prévues par le présent Traité. »

Le Sénégal, pour faire obstacle à cette liberté, impose que la moitié du capital des sociétés implantées sur son territoire, soit entre les mains de nationaux[77].

Dans le passé, le droit tunisien imposait que la majorité du capital des sociétés commerciales soit aux mains de Tunisiens ; cette disposition était aisément contournée quoique respectée en apparence. Le code des sociétés commerciales adopté en 2011 conserve une disposition dans ce sens (code des sociétés commerciales, art. 412, alinéa 3) : « La fusion d'une ou plusieurs sociétés étrangères avec une ou plusieurs sociétés tunisiennes doit aboutir à la constitution d'une société dont la majorité du capital doit être détenue par des personnes physiques ou morales tunisiennes. »

Entrave à l'implantation économique hors du territoire de l'UEMOA (schéma en fin de chapitre)

Prendre une participation (acquérir la totalité du capital) dans une entreprise lointaine, est une technique efficace pour s'emparer d'une part du marché du pays où elle est implantée.

---

[77] Art. 94, 1er alinéa: « Par dérogation aux articles 92 et 93 et sous réserve des mesures d'harmonisation des législations nationales mises en œuvre par l'Union, les États membres peuvent maintenir des restrictions à l'exercice, par des ressortissants d'autres États membres ou par des entreprises contrôlées par ceux-ci, de certaines activités lorsque ces restrictions sont justifiées par des raisons d'ordre public, de sécurité publique, de santé publique ou par d'autres raisons d'intérêt général. »
Art. 99 : « Dès l'entrée en vigueur du présent Traité, les États membres s'abstiennent d'introduire toute nouvelle restriction à l'exercice des droits prévus aux articles 93 à 96. Aucune restriction existante ne peut être maintenue si elle constitue un moyen de discrimination arbitraire ou une restriction déguisée à l'exercice de ces droits. »

L'UEMOA a institué une contrainte financière faisant pratiquement obstacle à l'acquisition de sociétés extérieures par les ressortissants de son espace : « Tout investissement à l'étranger effectué par un résident est subordonné à une autorisation préalable du ministre chargé des Finances. Il doit être financé à hauteur de soixante-quinze pour cent (75 %) au moins par des emprunts à l'étranger » (Règlement n° 09/2010/CM/UEMOAI relatif aux relations financières extérieures des États membres de l'UEMOA, art. 10). Cette disposition est particulièrement restrictive : elle limite à des *leverage buy out*[78] peu vraisemblables, les investissements extérieurs autorisés aux ressortissants des huit pays membres de l'UEMOA.

---

[78] *Leverage buy out* (LBO) : technique d'achat d'une entreprise en empruntant la plus grande partie de son prix auprès d'une banque. Grâce à une « délégation de dette » de la société emprunteuse vers la société achetée, celle-ci rembourse à la banque, le prix versé pour son acquisition. Cette technique est particulièrement utilisée par les sociétés de la Triade pour acheter des sociétés dans le Tiers-Monde ; la banque est dans le pays de la cible. Dans la relation inverse, l'intervention d'une banque est très improbable.

C. GARRIER, *Géostratégie des entreprises*, L'Harmattan, Paris, 2014, pp. 221-225.

Schéma du LBO (achat d'une entreprise avec l'aide d'une banque) imposé par l'UEMOA

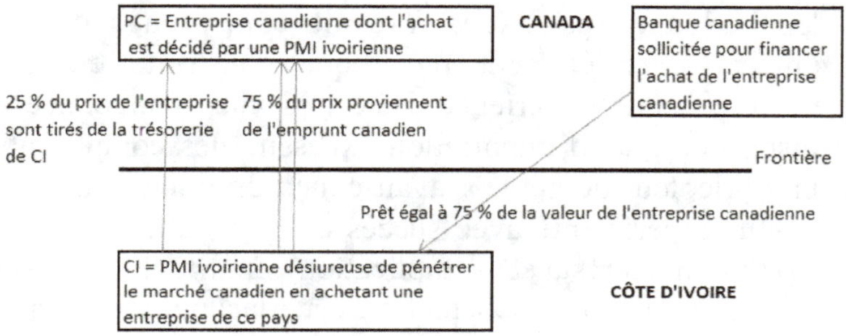

La probabilité d'intervention d'une banque de la Triade (Canada, par exemple) pour financer 75 % de l'achat d'une entreprise de cette partie du monde, par une PMI ou PME de l'espace UEMOA, est nulle, ce qui exclut en fait la possibilité pour une entreprise de cet espace d'acheter une société hors de cette zone, en Amérique du Nord ou dans l'Union européenne, par exemple. Les opérateurs de la Triade (Amérique du nord, Union européenne, Japon) peuvent dormir tranquille, jamais leur concurrent de la zone UEMOA ne viendra les attaquer.

2.2. Fin des monopoles

La persistance de monopoles est un autre frein à une croissance économique saine. Rien ne justifie techniquement que la production-distribution d'électricité et d'eau, toutes deux transférées de monopoles d'État, soient aux mains de monopoles privés.

Il est de même insupportable que des licences d'importations soient réservées à quelques privilégiés.

Dans le secteur étroit des « produits de substitution », les pays d'Afrique ne sont pas allés loin : tissus-pagnes, pâtes alimentaires, aliments du bétail, cimenterie. Rien qui dérange sérieusement les groupes multinationaux, ni les attire : pas de matériel électronique, pas de voiture (*Peugeot* avait monté une usine au Nigeria, elle est fermée depuis longtemps ; *Renault* avait conçu une sorte de « méhari » entièrement métallique construite en Côte d'Ivoire ; cette expérience a été très vite abandonnée en raison de coûts d'importation excessifs des composants ; un « bricoleur de génie » avait conçu un tracteur agricole qui fut expérimenté avec succès dans le nord de la Côte d'Ivoire, mais resta sans duplication). Inutile d'allonger la liste des industries inexistantes : cette lacune grave résulte de multiples raisons, dont la présence du « sous-franc » devenu un « sous-euro ».

Les concepteurs de l'ordolibéralisme[79], ont montré que dans un environnement très concurrentiel, chaque organisation assure sa survie par sa capacité à s'adapter (flexibilité), mais aussi à faire face à la concurrence (compétitivité). Pour être compétitive, une organisation doit développer des avantages concurrentiels par rapport aux autres.

Une organisation dispose d'un avantage concurrentiel lorsqu'elle possède un ensemble d'éléments qui lui permettent de se distinguer de la concurrence.

Le premier moyen utilisé est un prix bas, pour une qualité identique à celle offerte par les concurrents.

Bien évidemment, un monopole, particulièrement s'il est « de droit » est exonéré de cet effort : il gère des administrés non des clients.

Pour « justifier » la survivance de certains monopoles,

---

[79] Système économique conçu au cours des années 1930 à Fribourg-en-Brisgau (Allemagne) par un groupe d'universitaires animé par Walter EUCKEN (*Die Grundlagen der Nationalökonomie*, Jena 1939 ; *The Foundations of Economics*, Springer-Verlag, Berlin, 1992), mis en œuvre à partir de 1948 par Ludwig EHRARD (*La prospérité pour tous*, Préface de Jacques Rueff, Plon, Paris, 1959).

des économistes ont imaginé le concept de « monopole naturel ». Ce slogan est sans fondement lorsque l'eau est tirée de nappes phréatiques, de fleuves différents, par des pompes indépendantes implantées à plusieurs dizaines de kilomètres les unes des autres. Il est de même inacceptable lorsque l'électricité est produite par des groupes électrogènes différents, voire par quelques barrages hydroélectriques liés à des lacs artificiels éloignés les uns des autres.

En Allemagne (357.168 km2, 80,62 millions d'habitants), la production d'électricité est, pour l'essentiel, assurée par quatre grandes entreprises qui dominent le secteur, dont trois sont des opérateurs historiques et trois sont devenues multinationales ; on les surnomme « les quatre grandes ». À côté deux cents petites ou moyennes se concurrencent sur ce marché ; elles gèrent la distribution de l'électricité au niveau de la moyenne tension (30 kV à 1 kV) et de la basse tension (400 V ou 230 V) et interviennent parfois aussi dans le transport en haute tension (surtout en 110 kV). La plupart sont des entreprises locales ou communales, en particulier des *Stadtwerke* (littéralement ateliers municipaux) dont les domaines d'intervention sont nombreux : distribution d'énergie, mais aussi production d'énergie (par exemple, des incinérateurs de déchets ménagers produisant à la fois de l'électricité et de la vapeur alimentant un réseau de chauffage urbain), collecte et traitement des déchets urbains, distribution et traitement de l'eau, transports en communs, télécommunications et poste, équipements sportifs et culturels, espaces verts, cimetières, écoles et hôpitaux, etc. En outre, tout consommateur peut équiper son toit de panneaux photovoltaïques, son jardin d'une éolienne produisant de l'électricité.

Rien ne justifie que la Côte d'Ivoire (322.463 km2, 20,32 millions d'habitants en 2013) réserve à deux monopoles la production d'électricité et celle d'eau potable.

L'article 4, 1er alinéa, du traité souscrit en 1994 portant création de l'UEMOA, énumère les objectifs de cette institution : « renforcer la compétitivité des activités économiques et financières des États membres dans le cadre d'un marché ouvert et concurrentiel et d'un environnement juridique rationalisé et harmonisé ».

Pour qu'un marché soit « ouvert et concurrentiel », il est impérieux que les monopoles en soient bannis.

Cette disposition est précisée par l'article 88 du même traité : « Un an après l'entrée en vigueur du présent Traité, sont interdits de plein droit les accords, associations et pratiques concertées entre entreprises, ayant pour objet ou pour effet de restreindre ou de fausser le jeu de la concurrence à l'intérieur de l'Union, toutes pratiques d'une ou de plusieurs entreprises, assimilables à un abus de position dominante sur le marché commun ou dans une partie significative de celui-ci ; les aides publiques susceptibles de fausser la concurrence en favorisant certaines entreprises ou certaines productions. »

Ce texte exclut donc monopoles, *Konzern*, ententes et autres entraves à la libre-concurrence. La Côte d'Ivoire ne s'est pas conformée à cette disposition puisqu'à côté des monopoles d'État privatisés sous forme de monopoles privés (en Côte d'Ivoire, *SODECI*, *CIE*), elle multiplie les « licences d'importation » qui attribuent d'autres monopoles (eau minérale, appareils de prises de vue, etc.).

Manifestement, les « amendes et astreintes destinées à sanctionner les violations des interdictions énoncées dans l'article 88 », envisagées à l'article 89, alinéa 2, sont restées lettres mortes.

2.3. Abrogation des APIE

Les APIE (accords de protection des investissements étrangers) sont souscrits entre des États du Tiers-Monde et d'autres d'Europe et d'Amérique du Nord, notamment, pour placer les investisseurs de ces derniers à l'abri des contraintes juridiques qui pèsent sur les nationaux des premiers (droit du travail, droit de l'environnement, de la santé publique, etc.), et pour permettre à ces investisseurs s'ils sont mécontents de décisions prises par un État-hôte, de porter leurs différends non devant la justice de ce dernier (estimée peu compétente[80], corrompue, etc.), mais devant des arbitres lointains (le CIRDI, Centre international pour le règlement des différends relatifs aux investissements, membre du groupe « Banque mondiale », par exemple) qui ne fondent pas leurs décisions sur le droit du pays-hôte mais sur une prétendue « *lex mercatoria* » largement basée sur le droit états-unien et britannique qui n'admettent pas de différence de niveau entre un État et une personne juridique de droit privé.

Le 10 février 2016, la Côte d'Ivoire et le Canada ont signé un accord aux termes duquel, « chacune des parties encourage la création de conditions favorables permettant aux investisseurs de l'autre partie de faire des investissements sur son territoire et admet ces investissements conformément aux dispositions du présent accord » (article 3). Cet accord diffère quelque peu des APIE[81] qui ont été signés ailleurs. Son article 11, § 1 et 2

[80] Au contraire, des magistrats du Tiers-Monde siègent au tribunal pénal pour le Rwanda : M. Laity Kama (Sénégal), Mme Navanethem Pillay (Afrique du Sud, M. William H. Sekule (Tanzanie) et à la Cour pénale internationale de La Haye (Présidente : Mme Silvia Fernändez de Gurmendi, Argentine ; procureure : Procureure générale : Mme Fatou BENSOUDA, Gambie ; magistrats : Losséni CISSE, Côte d'Ivoire ; Olga Venecia del C. Herrera Carbuccia, République dominicaine ; et Geoffrey A. Henderson, Trinidad et Tobago).

[81] Accords de protection des investisseurs étrangers.

« Transferts », contourne les contrôles de sortie des capitaux imposés par l'UEMOA :

« 1. Chacune des parties permet que tous les transferts se rapportant à un investissement visé soient effectués librement et promptement vers son territoire et à partir de celui-ci. Ces transferts comprennent :

1. les contributions aux capitaux, telles que les sommes destinées à établir, à maintenir ou à développer l'investissement ;
2. les bénéfices, les dividendes, les intérêts, les gains en capital, les paiements de redevances, les frais de gestion, d'assistance technique et autres frais, les bénéfices en nature ainsi que toute autre somme provenant de l'investissement visé ;
3. le produit de la vente de la totalité ou d'une partie de l'investissement visé ou de la liquidation partielle ou totale de celui-ci ;
4. les paiements faits au titre d'un contrat passé par l'investisseur ou l'investissement visé, y compris les paiements effectués en vertu d'une convention de prêt ;
5. les paiements effectués en application des articles 7 (Indemnisation des pertes) et 10 (Expropriation) ;
6. les paiements visés à la section C (Règlement des différends entre un investisseur et la partie hôte).

2. Chacune des parties permet que les transferts se rapportant à un investissement visé, soient effectués dans la monnaie convertible[82] utilisée à l'origine pour l'investissement du capital ou dans une autre monnaie

---

[82] Les francs cfa n'étant pas convertibles hors des espaces qui leur sont statutaires, tant les investisseurs canadien que les ressortissants ivoiriens désireux d'investir au Canada, devraient librement obtenir des dollars canadiens auprès des banques ivoiriennes pour procéder aux sorties financières énumérées par le traité.

convertible dont l'investisseur et la partie concernée conviennent. À moins d'entente contraire avec l'investisseur, les transferts sont effectués au taux de change du marché applicable à la date du transfert. »

Le Canada accepte donc l'entrée d'entreprise ivoirienne sur son territoire ; seul le règlement de l'UEMOA rappelé plus haut pourrait freiner lourdement ce mouvement.

L'accord souscrit avec le Canada diffère également d'autres accords de même nature, en ce qu'il impose à l'investisseur de respecter les dispositions juridiques du pays-hôte relatives à la santé et la protection de l'environnement : art. 15, « Mesures relatives à la santé, à la sécurité et à l'environnement et normes relatives à la responsabilité sociale des entreprises » :

« 1. Les parties reconnaissent qu'il ne convient pas d'assouplir les mesures nationales en matière de santé, de sécurité ou d'environnement afin d'encourager l'investissement. En conséquence, aucune des parties ne devrait renoncer ou déroger de quelque autre manière, ni offrir de renoncer ou de déroger de quelque autre manière, à de telles mesures afin d'encourager l'établissement, l'acquisition, l'expansion ou le maintien sur son territoire d'un investissement d'un investisseur. Si une partie estime que l'autre partie a offert un tel encouragement, elle peut demander la tenue de consultations avec cette autre partie, et les deux parties se consultent en vue d'empêcher l'encouragement.

2. Chacune des parties encourage les entreprises exerçant leurs activités sur son territoire ou relevant de sa compétence à intégrer, sur une base volontaire, dans leurs pratiques et politiques internes des normes internationalement reconnues en matière de responsabilité sociale des entreprises, telles que les déclarations de principe auxquelles les parties ont adhéré et qui portent sur des questions comme le travail, l'environnement, les

droits de la personne, les relations avec la collectivité ou la lutte contre la corruption. »

Comme il est usuel, les différends éventuels sont tranchés par l'arbitrage du CIRDI (art. 23 et 24) ; le droit de référence n'est pas mentionné : rien n'impose aux arbitres de fonder leur sentence sur le droit de la Côte d'Ivoire ; le recours aux principes de la *common law* ne peut être exclu. Art. 25 : « le tribunal se compose de trois arbitres. Chacune des parties au différend nomme un arbitre et le troisième, qui est le président du tribunal, est nommé conjointement par les parties au différend. » Rien ne précise ni n'impose que les arbitres soient indépendants des parties. Les dispositions inscrites dans divers traités et en particulier le règlement d'arbitrage du CIRDI, imposent l'indépendance des arbitres, ce qui semble exclure que, comme il fut fréquent, chaque partie désigne un avocat du cabinet qui défend habituellement ses dossiers ;

L'OHADA souligne que « tous les centres d'arbitrage internationaux, qu'il s'agisse de la CCI, de la *London Court of International Arbitration*, de la CCJA OHADA, de l'AAA ICDR nord-américain ont repris dans leurs statuts et règlements les principes fondamentaux de l'arbitrage relatifs aux obligations d'indépendance, d'impartialité et de révélation des causes de récusation par des arbitres »[83].

Le traité évoque la convention de New York de 1958 pour la reconnaissance et l'exécution des sentences arbitrales étrangères, dont l'article V, 2° dispose : « La reconnaissance et l'exécution d'une sentence arbitrale pourront aussi être refusées si l'autorité compétente du pays où la reconnaissance et l'exécution sont requises constate :

---

[83] 1er mai 2014, http://www.ohada.com/actualite/2155/obligations-d-independance-d-impartialite-et-d-independance-des-arbitres-mise-en-%C5%93uvre-de-la-responsabilite-des-centres-d-arbitrage.html

a) Que, d'après la loi de ce pays, l'objet du différend n'est pas susceptible d'être réglé par voie d'arbitrage ; ou

b) Que la reconnaissance ou l'exécution de la sentence serait contraire à l'ordre public de ce pays ».

L'article 6(2) du règlement de procédure relatif aux instances d'arbitrage du CIRDI (le « règlement d'arbitrage ») impose aux arbitres de souscrire une « lettre d'acceptation et d'indépendance » après que leur désignation leur ait été signifiée par le Centre.

Dans le cas où des circonstances ignorées d'une partie, permettent de douter sérieusement de l'indépendance d'un arbitre, la décision d'arbitrage peut être annulée[84].

À la fin de février 2016, un nouvel accord économique a été signé entre la Turquie et la Côte d'Ivoire, qui inclut notamment la construction d'une usine d'armement.

2.4. Liberté d'innovation

Un monde dans lequel la première richesse est la connaissance

En un temps où l'intelligence artificielle pilote les lignes de production dans les cimenteries par exemple[85], où des ordinateurs sont programmés pour concevoir de nouveaux produits, de nouveaux concepts, la connaissance évolue à une vitesse infernale.

Chacun doit absorber les nouveautés apparues dans son domaine et les domaines voisins. L'effort de lecture est vital, tant dans des livres, que des revues et des sites

---

[84] Cour de cassation française, 16 décembre 2015, annulation de l'exequatur d'une sentence arbitrale rendue par M. Henri ALVAREZ.

[85] C. GARRIER, *Maîtrise de l'intelligence artificielle*, Marabout université, Alleur (Belgique), 1991.

d'internet.

Absorber de la connaissance, doit conduire à la mettre en œuvre, à l'adapter à des lieux et des circonstances qui n'ont pas été envisagés par les concepteurs initiaux, en un mot, à innover.

Un premier obstacle ivoirien : les livres importés sont frappés de droits de douane, donc de frais de transit douanier, qui en alourdissent le coût d'entrée et le prix de vente. Comme la plupart des ouvrages scientifiques sont imprimés en Amérique du nord ou en Union européenne où la main-d'œuvre est lourdement plus chère qu'en Afrique subsaharienne, leur prix devient très vite inabordable de même que l'accès à la connaissance qu'ils contiennent.

Un autre problème réside dans la très faible perméabilité des Africains à l'innovation. Prenons un exemple : depuis quelques milliers d'années, les Africains naviguent dans des pirogues monoxyles. Chacune est creusée dans un tronc d'arbre dont plus de la moitié du bois est jetée. Cette technique restait acceptable à la fin du XIXe siècle lorsque la population était peu nombreuse ; par exemple, la Côte d'Ivoire (haute Côte d'Ivoire incluse, devenue le sud de la Haute Volte en 1947) ne comptait qu'un million d'habitants environ et ce pays était couvert de forêts.

Aujourd'hui, il serait plus rationnel de construire des bateaux de modèles différents selon qu'il s'agit d'aller sur la lagune ou de naviguer sur la mer. Des barques à fond assez plat conviennent pour aller sur la lagune, dont la largeur (environ 1/3 de la longueur) assure une grande stabilité ; des catamarans (embarcations formées de deux coques assemblées par un pontage) sont très bien adaptés à la mer : on les utilise par exemple en Polynésie. Malheureusement, la construction de barques et bateaux de charpente quoique bimillénaire au moins en Europe est une innovation restée hors d'Afrique subsaharienne malgré, pour la Côte d'Ivoire, une publication dans la revue diffusée par la SODEFOR vers 1992.

La religion est aussi un obstacle à l'innovation ; c'est ainsi que des tonnes de mangues greffées de très belle qualité, pourrissent faute d'acheteur sans être transformées en vin ni en alcool : un prédicateur musulman a précisé que l'islam usuel dans le quart nord de la Côte d'Ivoire où prospèrent ces beaux fruits, s'y oppose.

De manière générale, l'innovation porte :

- sur des produits nouveaux, de nouvelles méthodes de production, etc. telle que la décrivait Joseph Schumpeter sous le nom de « destruction créatrice »[86] : l'invention du chemin de fer fit disparaître les diligences, celle de l'avion de transport transocéanique élimina les paquebots, Internet réduit considérablement la circulation du courrier de papier, etc. ;
- sur des montages juridiques conçus en concertation avec un ou plusieurs partenaires dans le cadre de la libre-entreprise, de la liberté contractuelle et de la responsabilité des parties dans les relations d'affaires.

2.4.1. Conception de nouveaux produits, nouvelles méthodes de production

L'Afrique est le continent sans brevet. Il y a des pays où l'imagination règne, où l'innovation est reine. Ce n'est pas le cas dans le sous-continent noir.

En 2014, les seuls États d'Afrique ayant enregistré des demandes de brevets sont[87] :

---

[86] Joseph SCHUMPETER, *Capitalisme, socialisme et démocratie,* 1942.

[87] http://donnees.banquemondiale.org/indicateur/IP.PAT.RESD?view=chart

Afrique du Sud	802
Algérie	94
Egypte	752
Kenya	132
Madagascar	5
Maroc	355
Ouganda	5
Rwanda	5
Tunisie	142
Zambie	14

Aucun n'est membre de l'OHADA. Sur les 141 pays classés dans le *Global Innovation Index* (Indice global de l'innovation) de la *World Intellectual Property Organization* (WIPO, Organisation mondiale de la Propriété intellectuelle), le pays africain le plus innovant est l'Ile Maurice avec une note de 39,2 sur 100, suivie de l'Afrique du Sud (37,4) et de la Tunisie (36.5). L'Ile Maurice, l'Afrique du Sud et la Tunisie occupent respectivement la 49ème, 54ème et 59ème position. Les autres pays d'Afrique subsaharienne sont absents.

Une des raisons fondamentales à cette quasi-absence est avancée dans une étude co-signée avec l'économiste Pierre Garello établissant une relation positive et statistiquement significative entre l'*entrepreneurship* et l'innovation. Ne pas disposer d'entrepreneurs rime avec inexistence de l'innovation.

D'après cette étude, l'innovation est faible en Afrique, non parce que les personnes capables d'innover n'existent pas, mais plutôt parce que l'on ne permet pas à l'esprit d'entreprise d'éclore. En effet, les « institutions du marché » favorisent cet esprit parce qu'elles instituent une certitude sur la règle, bannissent l'incertitude sur le droit de propriété, réduisent les coûts de transaction et accroissent la « vigilance au profit ». Autant de facteurs indispensables à l'expansion de l'entrepreneuriat. Or, l'Afrique, de manière générale, ne se distingue pas positivement sur ce terrain, en dépit des relatifs changements encourageants enregistrés ces dernières années. Toujours selon le classement WIPO, en matière d'environnement institutionnel (composante de l'indicateur se basant sur la qualité de la réglementation, la stabilité politique et le climat des affaires) le pays africain qui a la note la plus élevée est encore l'Ile Maurice avec 78,8 sur 100 et occupe la 24ème position sur 141. Mais dans le top 50, l'Afrique ne présente que cinq pays (Ile Maurice, Botswana (31ème), Afrique du Sud (39ème), Tunisie (49ème) et Namibie (50ème)). Le dernier quartile des pays mal classés est essentiellement africain. Il n'est pas étonnant que « l'esprit d'entreprise » ne soit pas totalement au rendez-vous.

Comme le fait remarquer l'étude à laquelle participa Pierre Garello, qui suppose que l'esprit d'entreprise est le propulseur de l'innovation, il faut un environnement institutionnel adéquat et des capacités humaines *ad hoc*.

L'environnement institutionnel peut favoriser un cercle vertueux qui permet l'éclosion de l'esprit d'entreprise et en même temps qu'il génère l'innovation créatrice de nouvelles opportunités. C'est ainsi, dans l'environnement états-unien, que les innovations *Apple* de Steve Jobs ont poussé leur créateur (et d'autres) à les utiliser comme tremplin pour d'autres innovations. Mais cela n'a été possible que parce que l'environnement institutionnel états-unien garantissait le droit de propriété intellectuelle, sans trop de difficultés.

C'est malheureusement le contraire en Afrique où la recherche des rentes dissuasives (corruption généralisée, etc.) pose de sérieux problèmes aux investisseurs et entrepreneurs.

Enfin, il y a le rôle de l'intelligence. Celle-ci est l'œuvre de la génétique, elle est aussi l'effet de l'environnement comme le reconnaissent unanimement maintenant les psychologues. Or, l'Afrique ne propose pas le meilleur environnement pour l'expansion de « l'intelligence ». Selon la composante de l'indicateur WIPO mesurant le capital humain et la recherche, la Tunisie est le premier pays africain ayant la note la plus élevée (38/100). Et elle n'occupe que la 60ème position sur 141.

Certaines coutumes précieusement transférées d'une génération à la suivante, sont particulièrement néfastes. Il en est ainsi du « système des générations » en usage dans de nombreuses tribus d'Afrique subsaharienne, tels les Ébriés, les Aladjans de Côte d'Ivoire, etc. : la population qui relève d'un village est répartie entre « générations » chacune chargée de fonctions qui lui sont propres ; impossible pour le membre d'une génération d'intervenir sur un problème de la compétence d'une génération plus âgée, même si ses diplômes, son expérience le prédisposent à fournir une excellente réponse. Particulièrement, tout ce qui concerne l'organisation, le fonctionnement, les infrastructures du village ne relève que de la génération ayant atteint cinquante ans.

Ce système exclut un débat ouvert ; il est hostile à toute innovation, dont les porteurs sont souvent les personnes d'une trentaine d'années.

Le sel indispensable à la vie, est importé alors que les tribus côtières font face à l'océan.

Les drones-jouets sont entrés dans les mœurs de la moyenne bourgeoisie. Ils sont importés, non construits sur place[88]. Ils sont utilisés pour photographier et filmer des fêtes, non pour surveiller les plantations.

---

[88] Vers 1955 étaient construits par les adolescents, des modèles réduits

En Allemagne, au Royaume Uni, en États-Unis, en Corée du Sud, en Chine même, le concepteur d'un nouveau produit s'il a déterminé par une étude de marché que ce produit répond à une attente, s'il a réuni une équipe groupant des compétences sérieuses, trouve presque certainement un financier, le plus souvent un *capital-risker* qui apporte le capital nécessaire au lancement de la production. On parle alors d'une *start-up* : une entreprise qui grimpe très vite après son démarrage.

En Afrique, le concepteur reste seul : il n'a confiance en personne et ne peut donc pas constituer une équipe ; aucun financier n'est prêt à courir un risque quelconque.

L'innovation, par exemples un produit phytosanitaire biologique, un nouveau médicament contre le paludisme, une liqueur de café, etc., reste sous le boisseau. Au mieux, sont produits quelques exemplaires pour montrer la faisabilité.

2.4.2. Liberté contractuelle du droit des affaires

Il est regrettable de voir le niveau des détails envisagés par les Actes uniformes, qui sont conçus en contradiction avec le principe de la liberté contractuelle qui fonde le droit des affaires dans d'autres pays.

Le risque existe que des opérateurs malhonnêtes exploitent l'absence de texte pour lancer des opérations malsaines. Mais l'inertie administrative, pour le moins sa grande lourdeur, s'oppose au développement d'entreprises saines, telles des « sociétés civiles de de placement immobilier » (SCPI).

---

d'avion qui volaient ; ils furent équipés de télécommandes en fil d'acier, puis radioélectriques. Ce sont les ancêtres des drones. Ils restent inconnus des africains.

S'agissant du droit des baux professionnels et commerciaux, quelques clauses imposées, sont contestables :

- Grosses réparations :
  - Pourquoi imposer qu'elles soient à la charge du bailleur ; le preneur peut trouver plus intéressant de s'en occuper, quitte à négocier un loyer un peu plus faible ;
  - Pourquoi préciser que le preneur peut faire appel au tribunal si des grosses réparations à la charge du bailleur sont nécessaires ? (art. 107) La même remarque s'applique à l'article 113 *in fine*. Le recours au juge est de droit quel que soit le motif de l'insatisfaction ou du litige ;
- Pourquoi préciser que le bailleur est responsable des troubles de jouissance qui sont de son fait ou de celui de ses préposés ? Il ne s'agit là que d'une application de la responsabilité civile inscrite dans les articles 1382 et suivants du code civil ;
- Pourquoi l'article 112 n'envisage-t-il que la résolution du bail, alors que celui-ci, cessible, fait partie de l'actif du preneur ?
- Le libéralisme qui fonde les relations propre au droit des affaires qui inclut, la rédaction et la conclusion du bail commercial, requiert que l'article 116 ne précise pas que « Les parties fixent librement le montant du loyer » : c'est une nécessité, à moins que les rédacteurs de ce texte aient envisagé un instant d'imposer un taux légal des loyers ; il devrait en être de même de toutes les clauses du bail, particulièrement de celles relatives à la révision du loyer.

Le droit au renouvellement du bail (art. 123) est repris du droit français qui l'introduisit par le décret-loi n° 53-

960 du 30 septembre 1953 ; cette disposition est absente de la plupart des autres législations européennes, particulièrement allemande, belge, britannique, espagnole (depuis 1985). Le bail français est trop long, trop rigide ; il protège trop le locataire.

Ce décret-loi, comme la loi du 24 juillet 1966 et le décret du 23 mars 1967 portant droit des sociétés commerciales et du groupement d'intérêt économique, résultent du système étatiste-socialiste en vigueur en France depuis 1944, qui s'oppose aux vertus de la liberté contractuelle.

2.5. Animation du marché financier

Un marché presque inerte tel celui de la BRVM, n'attire pas les investisseurs. Les 37 sociétés cotées le sont depuis près d'un demi-siècle. *Petro ivoire* s'est judicieusement fait coter à Paris et à New York, sur des marchés actifs : l'opérateur dont les états financiers sont attractifs et qui offre une perspective de plus-value, attire les investisseurs et son cours grimpe ; si elle a besoin de capitaux, son directeur financier saura quelle communication lancer pour réussir à vendre des obligations ou des actions nouvelles assorties de dispositions attractives les classant en mezzanine ou en senior.

Vendre des titres sur le marché financier est, pour une société anonyme, une solution pour obtenir les financements abondants, nécessaires à la réalisation de ses projets, moins chers que ceux qu'offrent les banques[89] Le développement industriel requiert en permanence des

[89] Une banque est un « intermédiaire financier ». Elle emprunte sur le marché, les fonds qu'elle prête. Elle ajoute au prix de l'argent qu'elle verse aux investisseurs, sa marge bénéficiaire et une prime de risque déterminée en fonction de chaque dossier d'emprunteur.

capitaux supplémentaires ; un marché financier actif lui est nécessaire voire indispensable.

Il devrait y avoir un « premier marché » qui cote les sociétés les plus puissantes, et un « second marché » sur lequel se présentent les sociétés nouvellement cotées. À la BRVM, rien de tel.

L'UEMOA impose que les sociétés qui veulent émettre des titres sur le marché, présentent une note attribuée par une agence de notation financière et une autre attribuée par une agence de notation extra-financière. Mais nul n'émet de titre et rares sont les sociétés privées qui se font noter.

Un préalable à une notation financière, est un dossier d'états financiers certifié par un commissaire aux comptes rigoureux (deux commissaires aux comptes sont nécessaires pour les sociétés dont les titres sont cotés à la BRVM). La corruption des fonctionnaires fiscaux incite plutôt à présenter des dossiers d'états financiers sans relation avec la réalité, certifiés par complaisance ; ce qui exclut l'émission de titres sur le marché financier.

Sur un marché financier actif, les entreprises et les institutions financières (assureurs, fonds d'investissement, fonds de pension, fonds de couverture, *hedge funds*, etc.) demandent des prix à une ou plusieurs banques *market-maker*, lesquelles sont à leur tour reliées entre elles par des *inter-dealers brokers*, ou « courtiers entre distributeurs », qui sont de plus en plus électroniques. Tout cela manque à Abidjan.

2.6. Écrasement de toute forme de corruption

La corruption est un phénomène mondial qui se trouve dans tous les pays - mais les études montrent qu'il nuit aux pauvres plus qu'aux autres, empêche la croissance économique et détourne désespérément les fonds nécessaires à l'éducation, la santé et autres services publics. Selon la Banque mondiale, environ 1.000 milliards de dollars américains sont versés en pots-de-vin chaque année, tandis que 2.600 milliards de dollars environ sont détournés, soit plus de 5 % du PIB mondial.

« La corruption est une menace mondiale. Elle constitue un obstacle au développement économique », a déclaré Yury Fedotov, directeur exécutif du Bureau des Nations Unies contre la Drogue et le Crime (ONUDC). « La corruption aggrave les inégalités et l'injustice, et compromet la stabilité, en particulier dans les régions les plus vulnérables du monde. »

Le Programme des Nations unies pour le développement (PNUD) estime que, dans les pays en développement, le montant des fonds soustraits de leur destination par la corruption est dix fois plus élevé que celui de l'aide publique au développement (APD). Mais la corruption ne se limite pas au détournement de fonds là où ils sont le plus nécessaires ; elle est également la cause d'une gouvernance défaillante qui peut à son tour encourager les réseaux criminels organisés.

Comme l'écrivit Rudolf von Jhering à la fin du XIXe siècle, « Une règle de droit dépourvue de contrainte juridique est un non-sens : c'est un feu qui ne brille pas, un flambeau qui n'éclaire pas »[90]. Une disposition du code pénal n'est rien si elle n'est pas mise en œuvre. En Afrique, le plus souvent, le public, la presse restent inertes devant le pillage des institutions publiques ; les magistrats préfèrent songer à leur carrière. Le détournement est donc une mode fréquent d'enrichissement tant chez des politiciens que chez des fonctionnaires.

---

[90] Rudolf von JHERING, *L'évolution en droit*, traduction de Zweck im Recht, O. de Meulenaere, Paris, 1901, p. 216.

Une ONG, *Transparency International*, de création allemande, mesure le sentiment de corruption dans un très grand nombre de pays. Ses publications laissent la plupart des Africains, indifférents.

Des associations de consommateurs ont été créées, mais elles attendent de l'État, les subventions nécessaires à leur fonctionnement. Elles attendront longtemps ; les entreprises privées (fournisseurs d'accès internet, de téléphonie mobile, etc.) peuvent commettre les plus évidentes malhonnêtetés (« actualités » et « conseils de vie pratique » imposés, etc.) sans être inquiétées.

2.7. Sécurité juridique des transactions

La sécurité juridique des transactions résulte à la fois de la précision des textes, de leur stabilité et du comportement des opérateurs.

2.7.1. Imprécision des textes

Dans la mesure où l'OHADA souhaite recevoir l'adhésion de pays dont le droit résulte au moins en partie de la *common law*, l'acte uniforme portant droit commercial général doit être complété. Une insécurité résulte de ses silences, particulièrement dans un monde globalisé, où des opérateurs de l'espace OHADA sont en relation avec d'autres de l'États-Unis, du Royaume Uni ou du Ghana.

Principe de base du droit contractuel dans les relations d'affaires

Les relations d'affaires imposent de souscrire de très nombreux contrats. L'acte uniforme portant droit commercial général se doit de préciser sur quelle base, en cas de conflit, ils doivent être interprétés par le juge. Deux systèmes s'opposent :

- Le droit français qui est consensualiste ; il est fondé sur fondé sur l'autonomie de la volonté. Le contrat résulte de la commune intention des parties[91] ; il appartient au juge de la déterminer en dépassant la lettre du contrat[92] ;
- Au contraire, le droit états-unien formaliste, invite le juge à une interprétation littérale des termes contractuels[93]. En résulte des contrats au plan presque imposé (sans « *consideration* », un accord n'est pas exécutoire en États-Unis ; la « *consideration* » est la raison qui a conduit une personne à s'engager vis-à-vis d'une autre à faire ou à ne pas faire une chose[94]). En l'absence de lois supplétives, les contrats doivent donc envisager toutes les hypothèses et en anticiper les solutions.

---

[91] Code civil, art. 1188, 1er alinéa : « Le contrat s'interprète d'après la commune intention des parties plutôt qu'en s'arrêtant au sens littéral de ses termes. »

[92] Par exception, l'article 1834 du code civil impose de ne considérer que la lettre du contrat de société ; il exclut de recourir à des témoins pour exposer au juge une intention des parties, différente.

[93] « La "*plain meaning rule*" consiste à interpréter les termes du contrat à la lumière du sens courant des mots utilisés. En effet, cette théorie interprétative est favorisée au regard de deux idées. La première repose sur la notion de prévisibilité. Le fait d'avoir des termes définis de manière fixe permet de mieux s'entendre sur les obligations de chacune des parties. La seconde s'explique par le fait qu'une étude approfondie de l'intention des parties par les juges en dépit du sens courant des termes contractuels nuirait aux contractants en donnant à une partie peu scrupuleuse le moyen de se défaire de ses obligations. » (Elisabeth de Carvalho, « La "*plain meaning rule*" en droit américain des contrats », Université de Paris-Ouest-Nanterre-La Défense, 1er avril 2008)

[94] Delia SPITZER, « La pratique des contrats américains », PDF, 8 décembre 2009.

Les parties sont moins tenues qu'en droit français, de se révéler mutuellement toutes les informations pendant la phase de négociation[95].

Responsabilité respective de l'acheteur et du vendeur

Le code civil français comporte un article qui fait porter au vendeur la plus grande part de la responsabilité. L'obligation du vendeur et les conséquences d'un « vice caché » sont codifiés par les articles 1641[96] à 1646 du code civil. Ces dispositions sont pertinentes dans les relations entre un vendeur professionnel et un particulier[97].

---

[95] Code civil, art. 1112-1 : « Celle des parties qui connaît une information dont l'importance est déterminante pour le consentement de l'autre doit l'en informer dès lors que, légitimement, cette dernière ignore cette information ou fait confiance à son cocontractant.

« Néanmoins, ce devoir d'information ne porte pas sur l'estimation de la valeur de la prestation.

« Ont une importance déterminante les informations qui ont un lien direct et nécessaire avec le contenu du contrat ou la qualité des parties.

« Il incombe à celui qui prétend qu'une information lui était due de prouver que l'autre partie la lui devait, à charge pour cette autre partie de prouver qu'elle l'a fournie.

« Les parties ne peuvent ni limiter, ni exclure ce devoir.

« Outre la responsabilité de celui qui en était tenu, le manquement à ce devoir d'information peut entraîner l'annulation du contrat dans les conditions prévues aux articles 1130 et suivants. »

En contrepartie, la confidentialité des informations est impérative : « Art. 1112-2 : « Celui qui utilise ou divulgue sans autorisation une information confidentielle obtenue à l'occasion des négociations engage sa responsabilité dans les conditions du droit commun. »

[96] Code civil, art. 1641 : « Le vendeur est tenu de la garantie à raison des défauts cachés de la chose vendue qui la rendent impropre à l'usage auquel on la destine, ou qui diminuent tellement cet usage que l'acheteur ne l'aurait pas acquise, ou n'en aurait donné qu'un moindre prix, s'il les avait connus. »

[97] La justice française interprète plus sévèrement aux dépends du vendeur, la notion de « vice caché », lorsque l'acheteur n'est pas un

S'imposent-elles dans les relations entre deux professionnels ?

Avec une terminologie quelque peu différente, l'acte uniforme révisé portant droit commercial général dispose (art. 259) : « L'action de l'acheteur, fondée sur un défaut de conformité caché le jour de la prise de livraison, est prescrite dans le délai d'un an à compter du jour où ce défaut a été constaté ou aurait dû l'être. »

Le droit des affaires de l'OHADA ne pourrait-il préciser son choix et se reporter vers le droit de la *common law* proche de l'ancien droit romain (*caveat emptor*, que l'acheteur soit vigilant), pour lequel l'acheteur est tenu à une prudence particulière (*due diligence*) : il doit procéder à un ensemble de vérifications sur le bien qu'il envisage d'acheter. À défaut, il ne pourra pas se retourner contre le vendeur qui lui reprochera sa négligence.

Contrat entre absents

La pratique du droit des affaires, notamment dans les relations internationales, inclut fréquemment l'élaboration et l'acceptation de « contrats entre absents », donc souscrits entre personnes fort éloignées.

Internet favorise les échanges préparatoires par e-mails et la conclusion à grande distance.

L'acte uniforme portant droit commercial général (adopté le 15 décembre 2010 à Lomé –TOGO ; entré en vigueur le 16 mai 2011) déclare que (art. 5, premier alinéa) « les actes de commerce se prouvent par tous moyens même par voie électronique à l'égard des commerçants. »

---

professionnel, même si ce dernier est très instruit (exemple, un avocat qui achète une voiture d'occasion).

Restent à déterminer la date d'entrée en vigueur du contrat et le lieu où il est censé souscrit qui, dans le silence du contrat, détermine la compétence du juge et donc probablement, la loi qui sera utilisée pour interpréter le contrat et, plus encore, résoudre des difficultés qui n'ont pas été contractuellement envisagées. Les parties ont pleinement le droit, dans le contrat, de choisir une autre loi, voire celle d'un tiers pays. De même qu'ils peuvent désigner un arbitre[98] et échapper ainsi aux magistrats imposés par les règles de procédure civile.

S'agissant de la date, faut-il considérer celle à laquelle l'acceptation a été émise, ou celle où elle est parvenue au destinataire ? Si l'échange a eu lieu par voie postale, quelques semaines les séparent parfois.

Les codes civils nationaux, ni les Actes uniformes ne prévoient de solution générale à ces questions. Seul est à peu près certain, que l'offre et l'acceptation doivent être formulées dans les mêmes termes pour que le contrat soit formé. Restent douteux, le sort de la rétractation et la signification du silence, la valeur des « conditions générales de vente » et « d'achat », l'étendue de la responsabilité de l'acheteur et du vendeur, particulièrement s'ils appartiennent à des environnements juridiques différent (droit dérivé du code civil français, ou *common law*). Il appartient donc aux parties de préciser leurs choix dans leurs conventions.

S'agissant du juge compétent, il est évident qu'un magistrat africain appliquant un droit d'origine civiliste, n'appréciera pas le contrat et ses suites de la même manière qu'un magistrat britannique ou états-unien.

2.7.2. Stabilité des textes

---

[98] C. GARRIER, *Géostratégie des entreprises*, op. cit., pp. 287 sq.

Les Actes uniformes se suivent, conservent le même titre, y ajoutent éventuellement « révisé » mais sans qu'il soit possible d'établir une chronologie entre les versions successives. Pire, deux versions successives peuvent comporter les mêmes articles sous des numérotages très différents, voire des articles un peu modifiés.

S'ensuit qu'un contrat portant les références à un acte uniforme devient incompréhensible en face d'une version ultérieure.

Il est indispensable que l'OHADA consente à numéroter de façon claire les versions successives de ses actes uniformes et qu'elle s'interdise d'en modifier les numéros d'articles. S'il faut interclasser un nouvel article entre deux anciens (85 et 86, par exemple), le nouveau s'appelle dans cet exemple « 85a » qui sera suivi de « 85b », « 85c », etc.

Si un article est supprimé (par exemple, 88) et remplacé par un autre texte, le numéro annulé est conservé avec la mention « abrogé » et le nouveau est alors appelé dans cet exemple, « 88a ».

2.7.3. Sécurité juridique des transactions

La sécurité des transactions est notamment matérialisée par l'« environnement des affaires » et le « risque-pays ».

Climat des affaires

La sécurité des transactions dans un pays est mesurée par les compagnies d'assurance-crédit (exemple : COFACE) qui attribuent une note entre A (la meilleure) et D (la pire) dite note en « environnement des affaires ».

L'amélioration du climat des affaires incite les investisseurs extérieurs à s'implanter ; elle est essentielle pour le développement économique d'un pays. La mauvaise qualité de l'environnement des affaires, les barrières réglementaires, douanières et fiscales entravent l'initiative privée et freinent la création, la formalisation et le développement des entreprises.

Toutes les mesures et réformes qui tendent à donner une plus grande liberté aux opérateurs économiques dans la rédaction de leurs contrats, des statuts de leurs sociétés, contribuent à l'amélioration du climat des affaires.

Sécurité juridique et respect des engagements contractuels qu'ils soient écrits ou verbaux

En commerce international, les contrats sont rédigés librement entre les parties. Ils prennent souvent la forme de « contrats entre absents » dont les engagements résultent d'échanges par e-mails, par téléphone, plus rarement par courriers postaux. Leur respect scrupuleux est un gage de pérennité des relations entre partenaires. Il peut être une condition de bonne fin de l'opération en cours ; quelques exemples à l'exportation :

- Respect strict de la date de livraison ;
- Respect strict des normes de production et de conditionnement d'un produit ; à défaut l'entrée des colis peut être refusée par la douane du pays destinataire ;
- Respect strict des conditions de réception de la marchandise avant son embarquement ; à défaut, le destinataire refusera de payer ; etc.

Les emprunteurs ivoiriens ont la triste réputation de confondre emprunt et cadeau de la banque ; ils ne se croient pas obligés de rembourser leur emprunt. L'« environnement des affaires » de ce pays est coté « C ». En résulte une prime de risque considérable ajoutée au prix de l'argent sur le marché financier et la marge commerciale retenue par la banque ; les banques ivoiriennes font supporter aux bons payeurs les sommes qu'elles perdent avec les mauvais.

Risque-pays

Le risque-pays est noté par les mêmes institutions en tenant compte de la stabilité du gouvernement, des institutions, de la réglementation. L'éventualité de fermeture des frontières suffit à dissuader les investisseurs, les donneurs d'ordres. Ces derniers craignent que leurs commandes ne soient pas livrées à la date contractuelle, que des composants qu'ils auront envoyés à leurs sous-traitants, soient bloqués. Les armateurs qui craignent que leurs navires soient bloqués sans utilité dans un port, relâchent dans un autre pays ; c'est ainsi qu'il est arrivé que des navires chargent à Monrovia des marchandises sorties de Côte d'Ivoire.

2.7.4. Accessibilité de la norme et garantie des libertés

La Côte d'Ivoire publie de nombreux textes législatifs ou réglementaires sur internet. D'autres ne peuvent être trouvés qu'en les achetant à l'Imprimerie nationale.

Il appartient aux opérateurs ivoiriens du commerce international, de fournir à leurs partenaires (particulièrement leurs fournisseurs) les textes auxquels doivent se conformer leurs livraisons, ceux qui définissent les droits et responsabilité des deux parties ; ce dernier ensemble de textes est particulièrement nécessaire lorsque le partenaire est ressortissant de la *common law* (Canada, Australie, États-Unis, Royaume Uni, etc.).

Dans le même but les opérateurs ivoiriens dont les clients sont en Amérique du Nord, en Australie ou en

Union européenne, demandent à leurs partenaires de ces pays, de leur fournir les textes qui s'imposent aux fournisseurs étrangers.

2.7.5. Libre circulation des marchandises : abolition des barrières douanières

Les barrières douanières ont usuellement pour but, la protection des industries nationales contre la concurrence étrangère. Elles frappent donc les importations. Au contraire, les exportations sont exonérées du plus grand nombre possible de charges fiscales et parafiscales pour augmenter leur compétitivité-prix.

La Côte d'Ivoire, au contraire, continue de percevoir les « droits de sortie » appelés DUS (droit unique de sortie) institués à la fin du XIXème siècle[99], qui frappent les produits qui ne bénéficient pas d'une prime à l'exportation.

Elle perçoit en outre, des droits de douane sur les entrées (importations de livres : 3,5 %, alors que la plupart des pays, pour faciliter la circulation de la connaissance, exonère les livres ; importations de panneaux photovoltaïques, 43 %), bien qu'il n'y ait presque aucune industrie à protéger. Dans ce pays, les taxes douanières de toutes sortes apportent environ la moitié des recettes propres de l'État ivoirien ; elles ont donc un rôle principalement fiscal. Les abolir implique l'institution d'impositions intérieures et/ou la réduction des dépenses de l'État.

Plus généralement, la lourdeur des opérations douanières, le niveau des taxes frappant les importations

---

[99] C. GARRIER, *L'exploitation coloniale des forêts de la Côte d'Ivoire – Une spoliation légalisée*, L'Harmattan, Paris, 2006, p. 174 : « le 22 décembre 1897, un arrêté institue pour la première fois, à partir du 15 janvier 1898, un droit de sortie de 6 F par bille, perçu par le service des douanes. »

de pièces de rechange, les composants à intégrer dans les fabrications, sont des freins à une réelle croissance économique. Ces contraintes excluent la production pour exporter.

2.7.6. Libre conception de nouvelles formes de relations juridiques

Le droit de la Côte d'Ivoire et celui de l'OHADA sont fondés sur le monopole des politiciens et des fonctionnaires pour la conception de nouvelles formes de relations juridiques. C'est ainsi que des formes de relations nées ailleurs de l'initiative privée, puis encadrées par des dispositions juridiques, sont interdites dans l'espace OHADA :

- Les normes IFRS adoptées sur la plus grande partie de la planète « finance » et, sauf exception, imposées aux seules sociétés cotées sont refusées dans l'espace UEMOA ; ce refus dissuade les investisseurs extérieurs de s'intéresser à la BRVM ; en conséquence, les entreprises de l'espace OHADA sont dissuadées de recourir au marché financier (moins cher que celui des banques, intermédiaires financiers) pour financer leur croissance ; ces normes sont imposées dans l'espace OHADA, aux filiales de groupes cotés dans d'autres parties du monde ; leur direction financière sont donc astreintes à produire des états en normes SYSCOHADA à usage local et d'autres conformes aux normes IFRS pour répondre aux exigences de leur holding ;
- Alors que la population urbaine croît rapidement, l'UEMOA interdit (une demande lui a été présentée pour la première fois en 2007, réitérée en 2009) le lancement de « sociétés civiles de placement

immobilier » alors qu'elles apporteraient une réponse à la demande de logements bourgeois ;

- Alors que les besoins financiers des entreprises industrielles sont une conséquence de leur croissance, aucun instrument juridique ne leur est offert pour trouver des capitaux en revendant temporairement leurs immeubles (*lease-back*) à des opérateurs autres que des institutions bancaires ;
- Alors que rien ne distingue la location-financement (aussi appelée « crédit-bail » ou *leasing*) qu'elle soit le fait d'un établissement financier spécialisé ou d'un vendeur de matériel, le SYSCOA tient à les traiter différemment, alors que les normes comptables internationales leur appliquent fort justement la même solution[100] ;
- Le « franchisage » est ignoré par l'OHADA, ce qui ne signifie pas qu'il soit illicite ; des opérateurs extérieurs implantent des contrats de franchise dans l'espace OHADA ; celui-ci subit sans réagir à ces pénétrations. Il offre à une entreprise qui a su concevoir un « concept technico-commercial » performant, innovant, une solution : développer son réseau commercial et étendre son territoire au plan national comme international, sans bourse délier.

  Le franchisage est entré dans l'espace OHADA en l'absence de toute disposition (boulangerie *Paul*, hôtels *Ibis*, etc.). Cette technique est utilisée pour importer des savoir-faire apparus en Amérique du nord et en Union européenne. Il convient de la populariser auprès des dirigeants d'entreprises africains pour qu'ils l'utilisent pour exporter leur

[100] C. GARRIER, *Côte d'Ivoire et zone OHADA – Gestion immobilière et droit foncier urbain*, L'Harmattan, Paris, 2007.

propre savoir-faire, pour qu'ils conquièrent de nouveaux espaces commerciaux.

- Pourquoi imposer à des entreprises qui ne sont pas cotées, de nombreuses dispositions rigides ? La rédaction des statuts d'une société devrait ne faire appel qu'à l'imagination de ses fondateurs, comme c'est le cas au Royaume Uni (*private corportion*), en États-Unis, dans le Grand-Duché du Luxembourg, etc. ; curieusement, l'OHADA reprenant une conception française introduit la « société par actions simplifiée » qui n'obéit qu'à des contraintes législatives très légères, alors que persiste une SARL au statut lourdement codifié ;
- Proposer les textes de droit pénal des affaires nécessaires pour compléter les « vides » laissés par le législateur OHADA.

Le SYSCOHADA impose : « les responsables des comptes mettent en place et en œuvre des procédures de contrôle interne indispensables à la connaissance qu'ils doivent normalement avoir de la réalité et de l'importance des événements, opérations et situations liés à l'activité de l'entreprise » (Acte unif./droit comptable, art. 6, al. 3).

L'article 17 de l'acte uniforme portant droit comptable, énonce quelques éléments de la fonction d'audit interne comptable et financier :

- « Une procédure destinée à garantir le caractère définitif de l'enregistrement de ces mouvements devra être mise en œuvre ;
- L'identification de chacun de ces enregistrements précisant l'indication de son origine et de son imputation, le contenu de l'opération à laquelle il se rapporte ainsi que les références de la pièce justificative qui l'appuie ;

- Le contrôle par inventaire de l'existence et de la valeur des biens, créances et dettes de l'entreprise. L'opération d'inventaire consiste à relever tous les éléments du patrimoine de l'entreprise en mentionnant la nature, la quantité et la valeur de chacun d'eux à la date de l'inventaire.
- Les données d'inventaire sont organisées et conservées de manière à justifier le contenu de chacun des éléments recensés du patrimoine. »

Ce texte laisse aux professionnels le soin de concevoir l'organisation de l'audit interne, sans rendre cette fonction obligatoirement autonome et indépendante. Il eut été plus efficace de se référer à la norme internationale conçue et entretenue par l'IASB (*Internal Audit Standards Board*).

Une norme conçue depuis une quinzaine d'années, impose au moins aux sociétés cotées (*public corporation*s) dans de nombreux pays, la présence d'un département d'audit interne financier et comptable, organisé en conformité avec la norme définie par l'IIA (*The Institute of Internal Auditors*). Pour la crédibilité des états financiers publiés par les sociétés cotées dans l'espace OHADA, il est nécessaire que soit imposée la présence de cette fonction, et que le commissaire aux comptes soit tenu de soumettre au conseil d'administration voire à l'assemblée générale ordinaire, un rapport qui évalue le » fonctionnement et l'efficacité de l'audit interne chargé de contrôler (*investigate*) et d'évaluer (*evaluate*) de manière systématique le fonctionnement du système comptable de l'entreprise, d'étudier les transcriptions comptables et faire des recommandations pour modifier le système lorsque c'est utile, de déterminer la fin vers laquelle conduisent la politique et les instructions de la direction générale. Ainsi, il améliore le management de l'entreprise[101].

Dans le même sens, Hubert Sales définit l'audit interne : « L'audit est un travail d'investigation permettant d'évaluer les procédures comptables, administratives, ou autres en vigueur dans une entreprise afin de garantir à un ou plusieurs des groupes intéressés, dirigeants, actionnaires, représentants du personnel, tiers (banques, organismes publics...), etc. la régularité et la sincérité des informations mises à leur disposition et relatives à la marche de l'entreprise.[102] »

Norme ISA 610 (révisée en 2013) - Définition de «fonction d'audit interne (Réf. : par. 2 et alinéa 14 a) A1. Les objectifs des fonctions d'audit interne et l'étendue de leurs attributions englobent généralement des activités d'assurance et de services-conseils conçues pour évaluer et améliorer l'efficacité des processus de gouvernance, de gestion des risques et de contrôle interne de l'entité tels que : *Activités liées à la gouvernance* *Activités liées à la gestion des risques* *Activités liées au contrôle interne*

La norme internationale d'audit interne apporte des innovations essentielles :

- l'auditeur interne ne relève plus du directeur financier, pas même du directeur général ni du

[101] Ronald J. THACKER, *Accounting principles*, Prentice-Hall Inc., Englewoods Cliffs, New Jersey, 1976, p. 8.
[102] Hubert SALES, « Audit », *Encyclopædia Universalis* France, 1999.

président du conseil d'administration, mais d'un organe rattaché au conseil d'administration, le comité d'audit ;

- la mise en place de l'audit interne est précédée par une déclaration publiée par le président ;
- l'auditeur interne rend compte au seul président du comité d'audit ;
- le commissaire aux comptes rédige chaque année un rapport sur l'activité de l'auditeur interne agissant en conformité avec la norme internationale d'audit financier ISA 200[103]. Il présente ce rapport au conseil d'administration ;
- la certification des comptes résulte pour une part de l'examen, par le commissaire aux comptes, des travaux réalisés par l'auditeur interne.

2.8. Code civil des Ivoiriens

Le droit n'est que la mise en forme juridique des usages, des mœurs d'un peuple[104]. Le « Code civil des Français » promulgué le 21 mars 1804 (30 ventôse an XII), par Napoléon Bonaparte, reprend une partie des articles de la coutume de Paris et du droit écrit du Sud de la France. Il fut conçu par une équipe de quatre magistrats, dont deux expérimentés dans le droit germano-normand du nord de la France (François Denis Tronchet, et Félix Julien Jean Bigot de Préameneu), et deux versés dans le droit romano-provençal de la moitié sud du pays (Jean-Étienne-Marie Portalis, président de la commission, et Jacques de Maleville).

---

[103] En ce sens, CNCC-IRE-CSOEC juin 2012, *Normes internationales d'audit*.

[104] RIVÉRO Jean, *Droit administratif*, Dalloz, Paris, 1990.

La proximité du texte avec les coutumes auxquelles les Français étaient habitués, et la qualité de la rédaction, en favorisèrent l'adoption par l'ensemble de la population.

Stendhal écrivait de Civita Vecchia le 30 octobre 1840 à Balzac : « En composant la Chartreuse, pour prendre le tour, je lisais chaque matin deux ou trois pages du Code civil, afin d'être toujours naturel : je ne veux pas, par des moyens factices, fasciner l'âme du lecteur ».

Plus pratiquement, on constatait, par exemple, que ce code énonçait deux modes de baux ruraux, le fermage qui imposait le paiement d'un loyer fixe annuel, et le métayage aux termes duquel la récolte était partagée entre le propriétaire et l'exploitant. Chacun était pratiqué dans une moitié de la France sous l'Ancien Régime, mais comme toutes deux figuraient dans le code, il appartenait dorénavant aux parties de choisir la formule qui leur seyait.

Il en était de même des relations économiques du mariage : selon les régions étaient pratiqués le régime dotal[105], la communauté ou la séparation des biens. Ces trois régimes figurant dans le code, les futurs époux purent choisir.

Copier le « code civil des Français » en enlevant la seconde partie de son titre, et l'imposer aux Ivoiriens, sans relation avec leurs coutumes, aboutit à une insécurité des relations juridiques (succession, droit foncier, etc.).

---

[105] En droit français, la dot était versée par le père au futur mari pour l'entretien de l'épouse puisque celle-ci dans la bourgeoisie, n'avait aucune activité professionnelle. *L'Avare* de Molière se réjouit de marier sa fille à un vieil homme dont le domestique énumère les défauts, mais qui épousera « sans dot », sans que le père avare verse quoi que ce soit au futur mari.

En Afrique, la dot a un autre contenu juridique : c'est la somme que le futur mari verse à son futur beau-père ; pour certains auteurs, c'est le prix d'achat de la femme.

Il est indispensable qu'un « code civil des Ivoiriens » soit rédigé, qu'il transcrive les usages des diverses régions, relatifs au droit foncier, à celui des relations matrimoniales, et celui des successions.

Le droit de l'Ancien Régime français favorisait le fils aîné. Pour briser les patrimoines fonciers des aristocrates, le législateur révolutionnaire imposa le partage des successions entre les enfants, par parts égales ; cette règle reste obligatoire en France. Selon le droit anglais et de l'Irlande du Nord, le titulaire du patrimoine choisit ses héritiers qu'il désigne dans son testament. En droit britannique, les immeubles sont assujettis aux règles successorales du lieu où ils sont.

Pourquoi imposer en Afrique, le système successoral français, alors que l'usage dans certains groupes, par exemple, impose la succession entre oncle et neveu ?

La méthode de rédaction appliquée en France au début du XIXe siècle, peut être reprise, non le texte qu'elle produisit. Il conviendrait alors qu'une petite commission groupant quelques magistrats (six, par exemple) fins connaisseurs des usages et coutumes de l'ensemble des régions, procède à cette rédaction.

2.9. Sécurité judiciaire

De nombreuses études ont démontré que le défaut de sécurité juridique et judiciaire influe sur l'État de droit, ce qui a pour conséquence de freiner les investissements ce qui a pour effet de ralentir le développement socio-économique d'un pays.

En janvier 2001, le premier ministre, Pascal Affi N'Guessan avait convoqué un séminaire sur la « bonne gouvernance ». L'une des commissions traitait des magistrats et du fonctionnement des tribunaux. L'un des participants déclara que les Américains s'informent sur la moralité des magistrats avant d'investir dans un pays, et fuient les États où ils ont la réputation d'être corrompus.

Lorsqu'un homme d'affaires avisé s'intéresse à un nouveau pays, il commence par y chercher un avocat, un notaire de la même nationalité que lui. L'absence dans plusieurs pays d'Afrique, de cabinets d'avocats ouverts par un Français, un Italien, un États-Unien, un Canadien, est des plus regrettable et n'incite pas les ressortissants de ces pays, à y investir.

Lorsque Henri Konan Bédié était président de la République, un groupe d'hommes d'affaires noirs états-uniens, était venu en Côte d'Ivoire. Ils avaient annoncé leur intention d'investir ; ils repartirent et ne revinrent jamais.

La corruption des auxiliaires de justice (huissiers, experts judiciaires, etc.) et celle des avocats est tout aussi inacceptable.

Un opérateur étranger prudent, très décidé à investir dans un pays d'Afrique, demande à son consulat de lui indiquer un cabinet d'avocats et un notaire.

2.10. Modes alternatifs de résolution des litiges

Plusieurs solutions permettent, au moins dans une première phase, de résoudre un litige sans venir devant un tribunal :

- Arbitrage ;
- Médiation ;
- Droit collaboratif ;
- Procédure participative.

Nous envisageons de même, l'« action de groupe » (*Class Action*) parce qu'elle concourt à réduire le coût des procédures, subi par chaque victime, et à renforcer la qualité du dossier de demande de réparation.

2.10.1. Arbitrage

Dans la pratique des affaires internationales, il est usuel de confier la résolution d'éventuels litiges non aux tribunaux, mais à des arbitres. À cet effet, est inscrite dans les contrats, une « clause compromissoire » qui précise :

- la personne (exemple : le président du tribunal cantonal de Lausanne ; son nom n'étant pas précisé, sera compétent le titulaire de cette fonction à l'instant où le litige apparaîtra) ou l'institution (exemples : la chambre de commerce international, la cour de justice et d'arbitrage de l'OHADA) à laquelle sera confiée la résolution d'éventuels conflits ;
- la loi de référence, dans le cas où un fait litigieux surviendrait qui n'ait pas été envisagé par le contrat.

À défaut d'une clause compromissoire contractuelle, les intéressés peuvent, après qu'un litige soit apparu, souscrire un « compromis d'arbitrage » qui énonce :

- Les termes du litige,
- L'accord sur le principe de l'arbitrage,
- Le choix, s'ils souhaitent une solution rapide, pour un arbitrage sans appel,
- Le nom de l'arbitre unique ou la règle de composition du tribunal arbitral :
    - o Chacun désigne un arbitre,
    - o Ces deux arbitres désigneront un tiers-arbitre qui présidera le tribunal arbitral.

En droit français, l'indépendance et l'impartialité de l'arbitre sont prévues par l'article 1454 alinéa 2 du code de Procédure civile qui dispose qu' « il appartient à l'arbitre, avant d'accepter sa mission de révéler toute circonstance susceptible d'affecter son indépendance et son impartialité ». La mission d'arbitre en droit français exige la plus grande neutralité. À l'inverse, en droit états-unien, il est juridiquement admis que l'arbitre puisse être « non neutre »[106]. Il s'agit du concept de la « *reality of the situation* »[107] selon lequel sont très clairement distingués les arbitres nommés par les parties (non neutres) et les autres (soumis aux obligations d'indépendance et impartialité). Par exemple, la Cour suprême du Texas a jugé que l'obligation de révélation ne peut pas être étendue aux arbitres désignés par les parties (*Burlington Northern Railroad Co. v. TUCO, Inc., 960 S.W.2d. 629 (1997)*).

Sur la question de l'indépendance et de l'impartialité, les deux systèmes présentent de fortes oppositions. En effet, en droit français les causes de récusation d'un arbitre sont traditionnellement appréciées comme le sont celles qui affectent le juge étatique (CA Paris, 1ère ch, sect. suppl., 21 mai 1987), alors qu'en droit états-unien l'arbitre est de moins en moins contrôlé ; dans ce droit, se dérober à l'obligation de révélation n'est plus sanctionné.

Les institutions de l'OHADA se réfèrent à la jurisprudence française qui définit l'indépendance et l'impartialité des arbitres.

2.10.2. Médiation

L'OHADA s'intéresse de près à la médiation, instrument de résolution des conflits du droit des affaires ; elle a organisé un séminaire sur ce thème à Cotonou, les

---

[106] Pierre BELLET, « Des arbitres neutres et non neutres » *in* Christian Dominicé, Robert Patry et Claude Reymond, *Études de droit international en l'honneur de Pierre Lalive*, Éd. Hehing & Lichten hahn, Francfort-sur le Main, 1993.

[107] Emmanuel GAILLARD, *On International Commercial Arbitration*, ed Kluwer, 1999.

25 et 26 juillet 2016[108]. Les techniques de médiation sont enseignées à l'Institut de Formation à la médiation et à la négociation (IFOMENE, Institut catholique de Paris).

Une relation triangulaire

Le médiateur est neutre et indépendant ; il intervient entre les deux parties. Leur relation est donc triangulaire. Les parties sont, comme elles le désirent, assistées ou non par leurs avocats

Principe du contradictoire

Bien qu'il soit possible à une partie de remettre au médiateur des pièces qui n'ont pas été communiquées à l'autre partie, ce dernier apprécie l'opportunité de les montrer à l'autre partie.

Dans la médiation organisée par le droit français en marge des tribunaux de première instance, les arguments exposés durant la tentative de médiation, les points admis par une partie, ne peuvent être soulevés contre elle devant le juge en cas d'échec de la tentative de médiation.

Le procès-verbal de conciliation

À l'issue du processus, si un accord est trouvé, le médiateur rédige un procès-verbal énumérant les points d'accord.

Il rédige ce document seul ou en présence des avocats des parties.

Homologation ou retour devant le juge en cas d'échec

---

[108] Séminaire d'initiation à la médiation commerciale sur le thème : La médiation, un mode innovant et efficace de résolution des conflits, les 25 et 26 juillet 2016 à Cotonou (Bénin).

Ce procès-verbal est soumis à l'homologation du juge qui lui confère validité et conformité à l'ordre public et en rend l'exécution identique à celle d'un jugement définitif.

Si la médiation échoue, les parties peuvent avec l'aide de leurs avocats, se porter devant le juge pour résoudre la difficulté par voie judiciaire.

2.10.3. Droit collaboratif et procédures participatives

Avec le droit collaboratif et la procédure participative, les parties recherchent une solution au-delà du droit et du juge. Ces deux procédures requièrent la présence des parties et de leurs avocats.

La procédure de « droit collaboratif » apparue en Californie, fut étendue à l'ensemble de l'États-Unis avant d'entrer en France, uniquement utilisée en droit de la famille. La « procédure participative » est aussi appliquée dans ce domaine ainsi qu'à la solution des conflits du travail

Ailleurs ces procédures sont bien adaptées au droit des affaires.

2.10.3.1. Droit collaboratif

Le droit collaboratif est un processus qui vient de l'États-Unis et du Canada, qui se définit comme suit :

« Le droit collaboratif est une pratique du droit utilisant la négociation sur la base d'intérêts où les avocats sont engagés pour aider les parties à conclure une entente mutuellement acceptable. Les avocats et parties signent un contrat stipulant leur consentement à ne pas aller plaider de façon contentieuse devant les tribunaux. Les parties et les avocats travaillent en équipe. » Ce travail est basé sur la communication.

Chaque équipe est composée d'une partie et de son

(ses) avocat(s).

Les avocats collaboratifs assistent chacune des deux parties en leur apportant leurs connaissances juridiques et leur expérience de la négociation.

Le choix de cette méthode de résolution de conflit, impose aux parties de décider de trouver la (les) solution(s) à leur litige au lieu d'en confier la solution à une personne extérieure, un arbitre ou un juge.

Cette méthode vise à aboutir à une solution mettant fin au différend, dans le respect de l'autre.

La commission Guinchard a estimé que pour être attractive et en sécuriser l'issue, la procédure participative devait être complètement articulée dans le système judiciaire :

« - d'abord en prévoyant que l'accord constatant le règlement consensuel du litige peut être homologué par le juge compétent dans le cadre de la procédure gracieuse de sorte qu'il sera doté de la force exécutoire lorsque cela sera nécessaire ;

- Ensuite parce qu'en cas de désaccord ou d'accord partiel, les parties ne sont pas contraintes de tout remettre en cause dans le cadre d'une longue procédure contentieuse : un procès-verbal constate l'accord partiel ainsi que les points sur lequel sur le litige persiste ; l'avantage pour les parties consiste alors à pouvoir saisir la juridiction compétente par la seule remise au greffe de ce document, accompagné des pièces utiles, pour que soient homologués les points d'accord et que le juge statue sur les points restés litigieux sans que l'affaire soit renvoyée à la mise en état, compte tenu de l'avancement des échanges entre les parties pendant le cours de la procédure participative. »[109]

[109] D'après le rapport de la Commission GUINCHARD, 30 juin 2008, page 143.

Échange d'informations

Chacune des parties doit donner à l'autre l'ensemble des informations nécessaires à la résolution du litige dans un souci de transparence et de loyauté : financière, patrimoniale, familiale, etc[110]. Les documents échangés sont revêtus d'un cachet « processus collaboratif », qui interdit de les communiquer devant un tribunal.

Ces documents ne sont pas dupliqués ; ils sont conservés par les avocats, qui en restent les gardiens. De même, les comptes rendus d'évolution du processus rédigés par les avocats, sont lus à leurs clients mais ne leur sont pas remis.

Juge des référés

Cette procédure n'exclut pas le recours au juge des référés lorsqu'une mesure urgente ou conservatoire doit être requise, dès lors qu'elle reçoit l'accord des deux parties[111].

Homologation

L'accord trouvé entre les parties doit être homologué par le juge qui lui confère ainsi force exécutoire.

---

[110] Charlotte BUTRUILLE-CARDEW, *l'Observateur de Bruxelles*, n° 67, Janvier 2007 : « Dans le cadre de ce processus, les parties s'engagent à négocier de bonne foi et notamment de se communiquer une information complète et sincère sur leurs revenus et patrimoines respectifs ».

[111] Charlotte BUTRUILLE-CARDEW, *l'Observateur de Bruxelles*, n° 67, Janvier 2007 : « Par exemple, une crainte d'enlèvement international qui engendrerait un blocage sur un droit de visite à l'intérieur du territoire pourrait donner lieu à une demande conjointe d'interdiction de sortie du territoire, signe à l'autre partie de bonne foi et garantie d'une absence de risque ».

Echec de la procédure collaborative

En cas d'échec de la procédure (violation des obligations du contrat de participation au processus collaboratif ou saisine d'une juridiction) et de nécessité de saisir le juge, les deux avocats qui ont participé au processus doivent se retirer ; ils ne doivent plus assister leur client dans le cadre de la procédure judiciaire ultérieure. Ils ne doivent pas même communiquer aux confrères qui leur succèdent, les pièces communiquées au cours des différentes réunions communes, pas même celles qui avaient été remises par leurs propres clients[112]. « Cette exigence est la garantie que les échanges pourront se dérouler dans un climat de confiance et de bienveillance nécessaire. Le retrait des avocats garantit la confidentialité renforcée du processus. Il garantit également qu'avocats et parties mettront toute leur énergie, leur volonté et leur intelligence au service de la poursuite d'un accord. »[113]

---

[112] Formation Niveau 1 Droit Collaboratif 2012, Institut du droit de la famille et du patrimoine : « Cette situation s'apparente à celle de l'avocat unique de deux parties qui doit se désister en cas de conflit ».

[113] Charlotte BUTRUILLE-CARDEW, *Gazette du Palais*, 21-22 novembre 2008, page 25, « la clé de voute du processus, garantie déontologique essentielle, est que dans l'hypothèse où le processus collaboratif est utilisé de manière abusive par l'une des parties, ou que l'une d'elle saisit unilatéralement une juridiction, l'ensemble des intervenants, y inclus les avocats, doivent se décharger du dossier. Jane Simpson, associée senior de l'un des plus grands cabinets de Londres en droit de la famille constatait récemment que si cette idée lui est apparue au départ insensée, elle s'est aperçue que cette nécessité de mandater de nouveaux avocats avant de commencer un processus contentieux traditionnel était un outil puissant pour encourager les deux clients et leurs avocats à rester à la table des négociations pour trouver une solution constructive ».

Charlotte BUTRUILLE-CARDEW, *l'Observateur de Bruxelles*, n° 67, Janvier 2007 « en cas de blocage, le risque de désistement incite les protagonistes à rechercher en équipe une meilleure solution parfois

Comme le souligne le professeur Guinchard, dès lors que les parties ont tout à perdre dans l'échec de la procédure collaborative, elles sont vivement incitées à participer activement et utilement à la recherche d'une solution négociée : « ce qui favorise le succès du processus est en même temps ce qui rend son échec particulièrement dramatique. Ceux qui n'ont pu aboutir à une solution négociée n'auront plus les moyens financiers probatoires de se lancer dans une procédure judiciaire qui demeure alors pourtant leur seule issue. »[114]

La commission Guinchard a estimé que pour être attractive et en sécuriser l'issue, la procédure participative devait être « articulée » complètement dans le système judiciaire : « le temps consacré à la négociation en amont de la procédure judiciaire permet d'accélérer le déroulement de la procédure judiciaire ultérieure, en cas d'échec total ou partiel par le juge. »

2.10.3.2. Procédure participative

Procédure contradictoire

Les parties interviennent dans une procédure participative, assistées par leurs avocats.

La procédure participative est contradictoire[115]. Il en résulte que les pièces communiquées au cours de ce

---

en dehors des cadres juridiques habituellement définis et faisant preuve de créativité pour conserver les acquis et éviter de faire échouer tout le processus ».

[114] Rapport de la Commission GUINCHARD, 30 juin 2008, page 142

[115] Code de Procédure civile français, article 1545 : « La communication des écritures et pièces entre les parties se fait par l'intermédiaire de leurs avocats selon les modalités prévues par la convention ; ceux-ci les portent à la connaissance des intéressés par tous moyens appropriés. Un bordereau est établi lorsqu'une pièce est communiquée »

processus, pourront être exploitées lors d'un éventuel procès ultérieur.

Les avocats qui les assistent au cours de la procédure participative conserveront leur office dans le cadre d'un éventuel procès, en cas d'échec total ou partiel de la procédure participative.

Procédure assimilée à la mise en état du dossier contentieux

Au final, lors des débats parlementaires parisiens, l'argument selon lequel la procédure participative était un préalable utile au procès est devenu prépondérant : « La procédure judiciaire consécutive à la procédure participative gagnera en efficacité, car celle-ci s'apparente à une mise en état de fait, ce qui diminuera la durée du procès. C'est la grande différence avec les autres modes de résolution de conflits » (propos de Marie-Hélène Des Esgaulx, Sénat, 11 février 2009).

2.10.4. Procédure d'action de groupe (*Class action*)

Lorsque plusieurs personnes ont été trompées ou malmenées économiquement par la même personne, le même fournisseur, dans des conditions très semblables, il est possible que les victimes s'unissent, prennent un avocat commun et engagent une procédure unique.

Cette disposition a été initiée par le droit états-unien. Dans les pays de *common law*, l'« action de groupe » (*Class action*) apparue en États-Unis dans les années 1950, permet à un grand nombre de personnes, souvent des consommateurs, de poursuivre une personne, souvent une entreprise ou une institution publique, afin d'obtenir une indemnisation financière.

Elle a été introduite dans le droit procédural français depuis le 1er octobre 2014 dans le cadre de la défense des consommateurs (loi Hamon du 17 mars 2014, cette procédure a été introduite aux nouveaux articles L.423-1 et suivants du Code de la consommation).

Une telle évolution serait bénéfique aux plaideurs africains en ce qu'elle réduirait le coût individuel de la procédure (honoraires d'avocat, frais de Justice, etc.) et permettrait de mettre en commun les informations dont chacun dispose, favorisant le montage de dossiers plus efficaces.

2.11. Conclusion

L'adoption des mesures ci-avant préconisées, qui figurent dans le traité UEMOA de 1994, est nécessaire ; il en est de même d'une monnaie propre à un groupe de pays d'Afrique qu'il s'agisse de l'UEMOA (ce qui a notre préférence) ou de la CEDEAO.

Il convient de faire évoluer le droit des pays de l'espace OHADA.

En outre, sortir de l'UEMOA est possible[116], mais ne résout pas tous les problèmes.

---

[116] Article 107 : « Le présent traité peut être dénoncé par tout État membre.

Sauf dispositions spéciales adoptées par la Conférence des Chefs d'État et de Gouvernement, il cesse d'avoir effet à l'égard de l'État en question le dernier jour du sixième mois suivant la date de réception de la dénonciation par l'État dépositaire.

En cas de dénonciation, la conférence des chefs d'État et de gouvernement apporte par voie d'acte additionnel les adaptations aux dispositions du présent traité découlant de cette dénonciation. »

CHAPITRE TROIS - FINANCER L'ENTREPRISE SANS EMPRUNT NI APPORT

> « La loi doit garantir et respecter le plus possible la spontanéité des individus ; chacun doit avoir le droit de faire même des choses inopportunes, et il ne doit pas dépendre de la loi seule, comme un corvéable asservi à tous les buts que le pouvoir public juge dignes d'être poursuivis. » (Rudolf von JHERING, *L'esprit du droit romain*)

Résumé

L'absolutisme bureaucratique dont l'OHADA est l'un des vecteurs, requiert pour apporter de nouvelles solutions au financement des entreprises, que le droit des affaires soit étendu aux relations entre investisseurs immobiliers et investisseurs industriels ou commerciaux. Une solution est ici proposée : le contrat de *lease-back* aussi appelé « contrat de location-financement » par les normes IFRS.

La solution proposée est destinée à fournir aux entreprises un outil nécessaire au financement de leurs investissements dans la longue durée, et à enrichir l'Acte uniforme portant droit commercial général.

Abstract

The Organization for the harmonization of the business law in Africa is one of the vectors of the administrative absolutism. It requires, bringing new solutions in the financing of companies, that the business law is widened in the relations between real estate investors and industrial or commercial investors. A solution is proposed: the rental-financing agreement.

The proposed solution is intended to supply to the businesses a tool necessary for the financing of their investments in the long lasting, and to enrich the uniform Act carrying general commercial law.

Mots-clés : financement des entreprises, société civile immobilière, bail professionnel, contrat de location-financement, lease-back, notaire, indexation

Plan

3.1. Externalisation permanente du droit de propriété de l'immeuble : Bail professionnel
3.1.1. Structure et organisation de la SCII
3.1.2. Principales dispositions du bail
3.1.3. Effet de levier
3.2. Externalisation temporaire du droit de propriété de l'immeuble : contrat de location-financement (*lease-back*)
3.2.1. La société bailleresse
3.2.2. Le « bail » de location-financement
3.3 Conclusion

Autant l'usage d'un ou de plusieurs immeubles est nécessaire à une entreprise pour y recevoir ses clients, entreposer ses stocks, loger ses machines et abriter le travail de ses salariés, autant la propriété d'un tel bien ne se justifie que rarement (compagnie d'assurance, banque pour lesquelles la qualité de propriétaire foncier accroît la confiance du public) : le taux de rotation de l'argent placé dans l'immobilier est considérablement plus lent (sur vingt ans et plus) que celui des fonds exploités commercialement (sur un mois dans les petites et moyennes industries, voire sur quelques heures dans la grande distribution). Il convient donc que les investisseurs en entreprise montent des partenariats avec des personnes qui préfèrent la sécurité du placement immobilier et craignent les aléas liés à la vie commerciale. L'opérateur commercial externalise donc les services que lui apporte l'usage d'un immeuble.

« L'externalisation consiste à faire sortir du périmètre de la firme, à sous-traiter, des activités d'appui au processus de production ou des parties de ce processus.[117] »

Deux voies permettent en principe, cette externalisation : le recours à un établissement financier spécialisé ; l'appel à un « tour de table » composé d'investisseurs privés. C'est la solution décrite ici. Elle est d'autant plus nécessaire que les établissements financiers spécialisés ne financent que des constructions banalisées à l'exclusion de tout immeuble spécifique, alors qu'un « tour de table » peut financer ce qui lui convient sur le seul fondement de la confiance qu'il attribue à l'entreprise dont, le plus souvent, il connait les dirigeants.

Le texte qui suit présente deux formes d'externalisation d'un actif immobilier dont l'entreprise de nature commerciale conserve la jouissance en qualité de locataire, que ce soit de façon permanente ou temporaire.

La première consiste en une externalisation conçue dès la création de l'entreprise ; elle met en relation un groupe d'investisseurs immobiliers et un groupe de nature commercial : cette méthode est fréquemment utilisée dans les activités d'hôtellerie (exemple : Hilton) et de cliniques médicales (60 lits et plus).

La seconde favorise la reconstitution de la trésorerie d'une entreprise en rendant temporairement liquide un ou plusieurs immeubles qu'elle utilise pour son activité professionnelle, dont elle est propriétaire.

L'outil commun (avec quelques particularités propres à chacun des cas) est la société civile immobilière d'investissement.

---

[117] Armand DAYAN, *Manuel de gestion*, vol. 1, Ellipses/AUF, Paris, 1999, p. 202.

3.1. Externalisation permanente du droit de propriété de l'immeuble : bail professionnel de très longue durée

Le démarrage d'une entreprise requiert un immeuble spécialement adapté à ses besoins et des équipements techniques les plus récents.

Comme le souligne Jeremy Rifkin[118], « dans un monde opérant à la vitesse de la lumière, où tout devient très rapidement obsolète, quel intérêt avons-nous à acheter ? » Les opérateurs industriels, hôteliers, médicaux, préfèrent louer l'immeuble nécessaire à leur activité et réserver leurs moyens financiers pour leur fonds de roulement, leurs équipements spécialisés.

Le plus souvent, parmi les petites ou moyennes entreprises, un seul opérateur finance l'ensemble du projet ; mais il est aussi fréquent, pour des entreprises plus importantes, que deux entités se rencontrent :

- Un « tour de table » qui constitue pour la circonstance une société civile immobilière d'investissement (SCII), qui assume le financement de la construction immobilière, y compris des équipements spécifiques fixés « à perpétuelle demeure » ;
- Une société de forme commerciale qui finance les équipements spécifiques mobiliers.

Cette relation diffère profondément de celle qu'entretient un *capital-risker*[119] ou un *business angel*[120]

---

[118] Jérémy RIFKIN, « Quand les marchés s'effacent devant les réseaux », in *Le Monde diplomatique*, juillet 2001, p. 22.

[119] Un *capital risker* est une banque d'investissement qui apporte à une entreprise nouvelle innovante, un capital conséquent que l'équipe promotrice s'engage à racheter à une échéance déterminée (sept ans, par exemple). En outre, cette banque fait profiter l'entreprise de son

avec le promoteur d'une entreprise. Ces financiers veulent favoriser la rapide progression de projets innovants. Les premiers particulièrement, apportent une part importante du capital et participent aux risques de l'entreprise.

Au contraire, des personnes préfèrent la sécurité de leur placement ; elles constituent une société civile immobilière d'investissement (SCII) ayant pour seul objet la construction et la gestion de l'immeuble donné en location à l'entreprise commerciale. L'activité de gestion immobilière est donc très simplifiée.

Les fondateurs de la SCII forment le plus souvent un cercle restreint ; les mutations de parts sociales sont rares. Il n'y a donc généralement pas de relation entre cette société et le marché immobilier sauf, à l'origine, pour ce qui concerne l'achat du terrain choisi d'accord entre les deux groupes. Ceux de la société d'exploitation conçoivent l'immeuble qui leur est nécessaire, qui sera réalisé par la SCII. Société d'exploitation et SCII opèrent en pleine concertation.

Partenariat public-privé

Un montage très voisin est réalisé pour répondre aux demandes des États pour des « partenariat public-privé » (PPP).

---

carnet de relations, de son expérience dans les domaines de l'étude de marché, de l'organisation, de la gestion financière. Le *capital risker* a sélectionné l'entreprise en tenant compte du caractère innovant de son offre, d'une étude de marché, de la qualité de l'équipe.

[120] Un *business angel* est le plus souvent un entrepreneur dont les affaires ont brillamment réussi, qui veut faire profiter un jeune opérateur de ses moyens financiers et de son expérience. Les premiers *business angels* furent en France, Marcel Bleustein-Blanchet qui créa en 1960 la *Fondation de la vocation*, Marcel Dassault (né Bloch), Sylvain Foirat.

Une différence sépare le montage ici présenté de celui qui est utilisé dans le cadre d'un PPP : alors qu'entre opérateurs privés est usuellement convenu un bail commercial d'une durée limitée, bien que les renouvellements successifs dessinent en fait une relation d'une durée illimitée, un PPP est conclu pour une durée très longue (quarante par exemple, pour le financement et la construction du nouvel immeuble du ministère de la Défense, place Balard à Paris) mais limitée, à l'issue de laquelle la propriété de l'immeuble est transférée à l'État.

Il s'ensuit que le calcul du loyer inclut l'amortissement financier du coût de la construction.

Que ce soit dans le cadre d'un PPP ou de l'externalisation de la propriété d'un immeuble exploité par une entreprise, la relation s'établit entre un « tour de table » qui finance la construction et un exploitant qui en indique les caractéristiques nécessaires.

Des opérateurs privés concevant un contrat ainsi limité à quarante ans par exemple, lui donneraient la forme d'une emphytéose.

Relation entre les investisseurs immobiliers et les promoteurs de l'activité commerciale

Les investisseurs immobiliers	**En commun**	**Les opérateurs techniques**
- désirent + la sécurité de leur placement + un revenu fixe - acceptent + la fiscalité des SCII + un patrimoine	- choisissent le terrain - définissent + la structure et les plans de l'immeuble + le montant de l'investissement	- désirent + la direction technique du projet + la rotation rapide de leurs capitaux - acceptent + de payer un loyer

peu liquide + les contraintes du droit civil qui freinent la cession des parts des sociétés civiles	immobilier + le taux du loyer + les autres clauses du bail	+ les risques de l'opération commerciale + un revenu aléatoire
- constituent une SCII qui finance l'immeuble - empruntent éventuellement une partie du coût de la construction.	Les deux sociétés souscrivent le bail	- créent une société de droit commercial qui finance les équipements techniques et le fonds de roulement.

3.1.1. Structure et organisation de la SCII

La société civile immobilière d'investissement « permet la mise en place de stratégies patrimoniales immobilières, notamment par la dissociation de la propriété des biens de l'exploitation ou de la gestion. L'objet de la SCII peut être l'acquisition, la détention et la gestion, la transmission d'un patrimoine immobilier privé ou professionnel. La SCII permet de sortir du patrimoine personnel des immeubles, apportés à la société ou acquis par elle. [...] Lorsque la SCII emprunte, les loyers versés par la société d'exploitation assurent le remboursement de la dette[121]. »

Lorsque la constitution de la SCII est concomitante de celle de la société commerciale, elle permet de répartir de façon différente l'apport des investisseurs immobiliers et celui de personnes qui acceptent le risque de l'entreprise

[121] Martine BOIZARD, « Société civile », in *Ingénierie financière, fiscale et juridique*, Dalloz, Paris, 2009, p. 1005.

de nature commerciale. Cette technique est couramment utilisée pour le financement d'hôtels-restaurants et de cliniques. Dans le cas particulier des cliniques, cette technique permet de faire entrer dans le financement de l'immeuble des investisseurs sans attache avec le corps médical, tandis que le capital de la société d'exploitation est très souvent réservé aux seuls médecins.

Au contraire des établissements spécialisés dans le crédit-bail immobilier, la SCII peut accepter de financer un immeuble aux aménagements et équipements très spécialisés.

Forme de la SCII

« Les dispositions des articles 1845 et suivants du code civil sont applicables à toutes les sociétés, à moins qu'il n'y soit dérogé par un statut légal particulier auquel certaines sont assujetties. Il y a lieu de combiner les règles du droit civil commun, les règles spécifiques du droit des sociétés civiles et les dispositions spéciales à chaque type de société[122]. »

La SCII est donc constituée sur la base du code civil éventuellement complété des dispositions non contraires de l'Acte uniforme révisé relatif au droit des sociétés commerciales et du GIE, particulièrement ses articles afférents à la société en nom collectif, en raison du caractère *sui generis* du présent cas de société civile.

Acte uniforme révisé relatif au droit des sociétés commerciales et du GIE (AUSCGIE), art. 6, al. 1er : « Le caractère commercial d'une société est déterminé par sa forme ou par son objet. »

[122] Martine BOIZARD, « Société civile », *op. cit.*, p. 1003.

La propriété d'un immeuble donné en location, est de nature civile. Cependant, il est tout à fait souhaitable qu'en raison de son objet, la location d'un immeuble spécifique, à usage professionnel, une telle société tout en restant « civile », soit régie par l'AU révisé relatif au droit des sociétés commerciales et du GIE et qu'elle soit soumise à l'immatriculation au registre du commerce et du crédit mobilier.

Code civil, art. 1832 : « La société est un contrat par lequel deux ou plusieurs personnes conviennent de mettre quelque chose en commun, dans la vue de partager le bénéfice qui pourrait en résulter. »
Art. 1842 : « Le contrat par lequel plusieurs personnes s'associent soit pour une entreprise désignée, soit pour l'exercice d'un métier ou profession, est aussi une société particulière. »

Il serait bon que l'OHADA précise que les « sociétés civiles immobilières d'investissement doivent être immatriculées au registre du commerce et du crédit mobilier.

Objet de la SCII

Code civil, art. 1833, 1er al. : « Toute société doit avoir un objet licite, et être contractée pour l'intérêt commun des parties. »
Art. 1834 : « Toutes sociétés doivent être rédigées par écrit lorsque leur objet est d'une valeur supérieure à cinq-cents francs.
La preuve testimoniale n'est point admise contre et outre le contenu de l'acte de société, ni sur ce qui serait allégué avoir été dit avant, lors et depuis cet acte, encore qu'il s'agisse d'une somme ou valeur moindre de cent-

cinquante francs. »

Art. 1841 : « La société particulière est celle qui ne s'applique qu'à certaines choses déterminées, ou à leur usage, ou aux fruits à en percevoir. »

La société civile est constituée dès l'origine du projet d'entreprise et pour toute la durée de celui-ci ; son objet est alors le suivant : « la société a pour objet l'achat d'un terrain sis… et l'édification sur celui-ci d'un immeuble à usage de … Ledit immeuble sera loué à une société commerciale ».

Les termes très étroits de cet objet entraîne la dissolution et la liquidation de la SCII lors de la vente de l'immeuble mentionné dans son objet (code civil, art. 1865, 2°).

Si la création de la société civile vise à acquérir et gérer une pluralité d'immeubles, son objet devient : « la société a pour objet l'achat, la gestion locative de tout immeuble, d'habitation, à usage commercial, industriel ou professionnel, en [nom du pays où la société est implantée] et dans tout autre pays ».

Droits des associés

Les associés d'une société civile immobilière n'ont aucun droit sur les immeubles de la société. Ils ne peuvent donc pas les utiliser pour garantir leurs engagements. Par contre, ils peuvent nantir leurs parts au profit de leurs créanciers.

Code civil, art. 1861 : « Chaque associé peut, dans le consentement de ses associés s'associer une tierce personne relativement à la part qu'il a dans la société ; il ne peut pas, sans ce consentement, l'associer à la société, lors même qu'il en aurait l'administration. »

Les dispositions actuelles du code civil (Côte d'Ivoire) sont insuffisantes pour une gestion moderne. Il est souhaitable que l'OHADA œuvre à les compléter, par exemple en indiquant que la gérance de la société et les assemblées d'associés sont régies par les dispositions propres aux sociétés en nom collectif. Par contre la limitation de la responsabilité financière des associés reste celle que définissent les articles 1850, 1862, 1863 et 1864 du code civil.

Durée de la SCII

La durée de la société diffère selon qu'elle est ou non liée à un seul projet. Cette durée peut aller jusqu'à 99 années entières et consécutives. Elle peut être prorogée par décision des associés prise à l'unanimité.

Code civil, art. 1866 : « La prorogation d'une société à temps limité ne peut être prouvée que par un écrit revêtu des mêmes formes que le contrat de société. »

Capital social de la SCII

Le montant du capital social est déterminé par la valeur de l'immeuble dont l'achat ou la construction est envisagé, à moins que les associés estiment préférable d'emprunter une partie de ce prix ou coût auprès d'une banque, ce qui implique que calculer le loyer en tenant compte des échéances à payer, et de la rentabilisation des fonds versés par les associés. Le taux de l'intérêt utilisé dans ce second calcul peut être différent de celui que demande la banque.

Code civil, art. 1845, al. 1er : « Chaque associé est débiteur envers la société de tout ce qu'il a promis d'y apporter ».

Art. 1846 : « L'associé qui devait apporter une somme dans la société et qui ne l'a point fait, devient de plein droit et sans demande, débiteur des intérêts de cette somme, à compter du jour où elle devait être payée.
Il en est de même à l'égard des sommes qu'il a prises dans la caisse sociale, à compter du jour où il les a tirées pour son profit particulier.
Le tout sans préjudice de plus amples dommages-intérêts s'il y a lieu. »

Parts sociales

Dans le silence du code civil, l'article 273 AUSCGIE convient : « le capital social est divisé en parts de même valeur nominale. »

Cession des parts sociales : dans le silence du code civil, nous proposons de nous référer à l'article 274 AUSCGIE, 1er al. : « Les parts sociales ne peuvent être cédées qu'avec le consentement unanime des associés. Toute cession de parts sociales intervenue en violation des présentes dispositions, est nulle. »

La forme de la cession des parts de ces sociétés devient conforme aux dispositions de l'AUDSCGIE (art. 275). L'article 1690 du code civil doit être écarté.

La formule proposée par l'AUSCGIE dans son 3° présente l'avantage d'éviter le coût de la signification. Il est souhaitable que cette disposition soit étendue à notre cas de société civile.

Dans le même but de réduction du coût des cessions de parts, il est nécessaire qu'elles puissent être opérées sous signatures privées. La mise en circulation de modèles de statuts et d'actes de cession de parts de sociétés est indispensable, tant pour les sociétés civiles qu'à responsabilité limité, en commandite simple et en nom collectif.

En outre, il semble souhaitable de préciser que les transferts résultant d'une dévolution successorale sont libres, et qu'il en est de même des transferts qui résultent de la liquidation d'une communauté de bien entre époux.

AUSCGIE, art. 275 : « La cession de parts doit être constatée par écrit.
Elle n'est rendue opposable à la société qu'après accomplissement d'une des formalités suivantes :
1° Signification à la société de la cession par exploit d'huissier ;
2° Acceptation de la cession par la société dans un acte authentique ;
3° Dépôt de l'acte original de la cession au siège social contre remise par le gérant d'une attestation de dépôt.
Elle n'est opposable aux tiers qu'après accomplissement de cette formalité et après publication par dépôt en annexe au registre du commerce et du crédit mobilier.

Répartition du bénéfice

Code civil, art. 1853, 1er alinéa : « Lorsque la société ne détermine point la part de chaque associé dans les bénéfices ou pertes, la part de chacun est en proportion de sa mise dans le fonds de la société.

Participation aux pertes

Contrairement aux dispositions supplétives de l'art. 1863, il est souhaitable qu'en cas de perte, chaque associé y participe en proportion de ses droits dans le capital. Par contre la disposition de l'article 1862 reste nécessaire : elle est caractéristique de la société civile.

Code civil, art. 1862 : « Dans les sociétés autres que celles de commerce, les associés ne sont pas tenus solidairement des dettes sociales, et l'un des associés ne peut obliger les autres si ceux-ci ne lui en ont pas conféré le pouvoir. »

Les présentes dispositions sont donc en oppositions avec celles de l'art. 270 de l'AUDSGIE : les associés ne sont pas commerçants ; ils ne sont pas solidairement responsables des dettes de la société, mais seulement dans la proportion de la participation de chacun au capital.

AUSCGIE, art. 270 : « La société en nom collectif est celle dans laquelle tous les associés sont commerçants et répondent indéfiniment et solidairement des dettes sociales. »

Gérance de la société

Code civil, art. 1856 : « L'associé chargé de l'administration par une clause spéciale du contrat de société, peut faire, nonobstant l'opposition des autres associés, tous les actes qui dépendent de son administration, pourvu que ce soit sans fraude.
Ce pouvoir ne peut être révoqué sans cause légitime, tant que la société dure ; mais s'il n'a été donné que par acte postérieur au contrat de société, il est révocable comme un simple mandat. »
Art. 1860 : L'associé qui n'est point administrateur ne peut aliéner ni engager les choses même mobilières qui dépendent de la société. »

L'art. 276 AUSCGIE, 1er et 2e al., est plus précis : « Les statuts organisent la gérance de la société.

Ils peuvent désigner un ou plusieurs gérants, associés ou non, personnes physiques ou morales, ou en prévoir la désignation par un acte ultérieur. »

AUSCGIE, 279 : « Si tous les associés sont gérants ou si un gérant associé est désigné par les statuts, le révocation de l'un d'eux ne peut être faite que par l'unanimité des autres associés.

Cette révocation entraine dissolution de la société, à moins que sa continuation ne soit prévue dans les statuts ou que les autres associés ne la décident à l'unanimité. »

En raison des dispositions tant de l'article 1856 du code civil que de l'article AUSCGIE 279, il est prudent de ne pas désigner le gérant dans les statuts, mais seulement dans un acte ultérieur.

AUSCGIE, 280 : « Le gérant associé révoqué peut décider de se retirer de la société en demandant le remboursement de ses titres sociaux dont la valeur est fixée, à défaut d'un accord entre les parties, par un expert désigné par la juridiction compétente statuant à bref délai. »

Cette disposition très dangereuse, doit être écartée pour une SCII, tout au moins lorsque le gérant a été nommé par un acte postérieur aux statuts.

Nota : la désignation d'un expert procède de la compétence du juge des référés qui peut éventuellement statuer « d'heure à heure ».

Fin de la société

Constituée pour acheter, gérer puis revendre un immeuble déterminé, la société prend fin du seul fait de la revente, conformément à l'art. 1865, 2° du code civil, si elle n'est propriétaire que d'un immeuble.

Code civil, art 1865 : « La société finit :
1 – Par l'expiration du temps pour lequel elle a été contractée ;
2 – Par l'extinction de la chose, ou la consommation de la négociation ;
3 – Par la mort naturelle de quelqu'un des associés ;
4 – Par la mort civile, l'interdiction ou la déconfiture de l'un d'eux ;
5 – Par la volonté qu'un seul ou plusieurs expriment de n'être plus en sociétés. »

Des dispositions semblables figurent dans l'art. 200 de l'Acte uniforme révisé relatif au droit des sociétés commerciales et du GIE (AUSCGIE), art. 200 : « La société prend fin :

1° Par l'expiration du temps pour lequel elle a été constituée ;

2° Par la réalisation ou l'extinction de son objet ;

3° Par l'annulation du contrat de société ;

4° Par décision des associés aux conditions prévues pour la modification des statuts.

5° Par la dissolution anticipée prononcée par la juridiction compétente, à la demande d'un associé pour justes motifs, notamment en cas d'inexécution de ses obligations par un associé ou de mésentente entre associés empêchant le fonctionnement normal de la société. »

Dissolution et liquidation

La vente de l'immeuble pouvant intervenir à un moment quelconque de la vie de la SCII, au profit de tout acquéreur, entraine la dissolution anticipée et la liquidation de la SCII, si son objet se limite à la gestion d'un seul immeuble. Son autre actif n'étant composé que des dernières recettes perçues, si la toutes les dettes (impôts, fournisseurs de services de maintenance, etc.) sont payées, le rôle du liquidateur est limité au partage de ces liquidités et du prix de vente de l'immeuble.

3.1.2. Principales dispositions du bail

Ne sont envisagées ici que des opérations portant sur des immeubles à usage professionnels ; la plus grande liberté devrait donc être laissée aux parties pour sa rédaction.

Le bail est assujetti aux dispositions de l'Acte uniforme révisé portant droit commercial général (AUDCG), art. 71.

> Acte uniforme portant droit commercial général, art. 71 : « Est réputé bail à usage professionnel toute convention, écrite ou non, entre une personne investie par la loi ou une convention du droit de donner en location tout ou partie d'un immeuble compris dans le champ d'application de l'article 69, et une autre personne physique ou morale, permettant à celle-ci, le preneur, d'exercer dans les lieux avec l'accord de celle-là, le bailleur, une activité commerciale, industrielle, artisanale ou toute autre activité professionnelle. »

Concession immobilière (ou bail emphytéotique)

Dans les anciennes colonies françaises d'Afrique, l'emphytéose reste régie par la loi du 25 juin 1902 dont les dispositions ne s'imposent que dans le silence des parties[123].

Il serait intéressant que l'AUDCG soit enrichi de dispositions propres à distinguer le bail professionnel

[123] Loi du 25 juin 1902, art. 3, second alinéa : « A défaut de conventions contraires, il sera régi par les dispositions suivantes. »

usuel de la « concession immobilière »[124] d'une durée minimale de dix-huit ans, donnant toute liberté aux parties pour concevoir leur relation (loyer, indexation, charges de gros entretien, impôt foncier, etc.).

Nous proposons les amendements aux textes existants qui les rendent compatibles avec une relation contractuelle particulière.

Durée du bail

Les deux sociétés en présence financent deux aspects d'un projet d'entreprise. La durée du bail peut donc être fort longue. Elle est celle qui est nécessaire à l'amortissement financier de l'investissement réalisé par la SCII. Une première tranche de neuf années est indispensable. Suivent des renouvellements sans limitation. Les conditions très particulières de réalisation de l'immeuble et d'élaboration du bail, le permettent.

Si les parties décident d'emblée, de concevoir une emphytéose, elles n'ont actuellement, d'autre solution que de se fonder sur la loi de 1902 ; elles échappent alors aux dispositions de l'AUDCG, articles 72 et 91 et suivants :

> Art. 72 : « Les parties fixent librement la durée du bail.
> Le bail à usage professionnel peut être conclu pour une durée déterminée ou indéterminée.
> A défaut d'écrit ou de terme fixé, le bail est réputé conclu

[124] En droit français, loi n° 67-1253 du 30 décembre 1967 d'orientation foncière, chapitre VI, articles 48 *sq.* : « La concession immobilière est le contrat par lequel le propriétaire d'un immeuble ou partie d'immeuble, bâti ou non bâti, en confère la jouissance à une personne dénommée concessionnaire, pour une durée de vingt années au minimum et moyennant le paiement d'une redevance annuelle. [...] La redevance est révisable selon les modalités prévues par le contrat. »

pour une durée indéterminée.
Le bail prend effet à compter de la signature du contrat, sauf convention contraire des parties. »
Art. 91 : « Le droit au renouvellement du bail à durée déterminée ou indéterminée est acquis au preneur qui justifie avoir exploité conformément aux stipulations du bail, l'activité prévue à celui-ci, pendant une durée minimale de deux ans. »

Loyer

Le loyer couvre l'intérêt de l'argent investi dans l'achat ou la construction de l'immeuble et les grosses réparations supportées par la SCII propriétaire des murs, en conformité avec l'Acte uniforme portant droit commercial général.

Aux charges de fonctionnement et d'entretien des immeubles, communes à tous les investisseurs immobiliers, les sociétés civiles ajoutent les charges fiscales différentes selon les pays (exemples : impôt foncier, patente et impôt sur les BNC -bénéfices non commerciaux).

En raison du caractère obligatoire du renouvellement d'un bail professionnel dès lors que le preneur est depuis deux ans dans les murs (AUDCG, art. 91, 1er alinéa), un tel bail peut durer des dizaines d'années. Cette durée indéterminée en fait, impose d'en indexer le loyer : la vie à trois est difficilement acceptable : bailleur/preneur/juge.

La révision ne doit résulter que de dispositions contractuelles librement débattues. L'indexation élimine l'arbitraire et anticipe l'inflation. Dans une relation d'affaire, la *lex mercatoria* présume l'égalité entre les opérateurs ; à défaut, le droit contractuel perd sa légitimité.

Cependant, en Côte d'Ivoire, le décret n° 79-715 du 2

octobre 1979 fixant les modalités d'application de la loi n° 77-995 du 18 décembre 1977 réglementant les rapports des bailleurs et des locataires des locaux d'habitation et à usage professionnel, dans la logique de l'étatisme-bureaucratique, interdit toute évolution contractuelle du loyer alors que la révision du loyer est particulièrement nécessaire pour contrer les effets de l'inflation.

Une fonction traditionnelle du juge est la défense des locataires d'habitations face au propriétaire des murs, supposé plus puissant.

Le droit des affaires est fondé sur la liberté contractuelle entre professionnels. Il n'appartient pas au législateur d'en imposer les termes.

> Décret n° 79-715, art 7 : « Sont interdites et réputées non écrites, toutes clauses de baux relatifs aux locaux énumérés à l'article 1er de la loi susvisée tendant à une variation automatique du loyer par paliers successifs ainsi que toutes clauses prévoyant une variation fondée sur des éléments n'ayant pas de relation directe avec le coût de la construction. »
> Art 8 : « Si le bail est assorti d'une clause d'indexation licite, les parties pourront en cours de bail, demander la révision du loyer conformément aux dispositions du présent décret chaque fois que par le jeu de cette clause, le loyer se trouvera augmenté ou diminué de plus du quart par rapport à sa dernière fixation amiable ou judiciaire.
> N'est pas une fixation amiable, celle qui résulte de l'indexation. »

L'AUDCG (15 décembre 2010) étant plus récent que le décret n° 79-715, devrait emporter abrogation des dispositions de ce dernier en ce qui concerne les baux professionnels. Cependant les derniers mots du premier alinéa peuvent être considérés comme une réserve au profit du décret n° 79-715.

AUDCG, art. 84 : « Les parties fixent librement le montant du loyer, sous réserve des dispositions législatives ou réglementaires applicables.
Le loyer est révisable dans les conditions fixées par les parties ou à défaut lors de chaque renouvellement au titre de l'article 91 ci-après.
Art. 85, 1er alinéa : « À défaut d'accord écrit entre les parties sur le nouveau montant du loyer, la juridiction compétente, statuant à bref délai, est saisie par la partie la plus diligente. »

Grosses réparations

Dans le cas présent, les dispositions de l'article 82 de l'AUDCG, conviennent parfaitement : les grosses réparations et rénovations à venir ont été planifiées en concertation entre les deux groupes. Leur coût entre dans le calcul du loyer.

Dans le cas d'une concession immobilière, quasi-droit de propriété du preneur[125], les grosses réparations doivent être à sa charge[126] : aucune planification n'est concevable sur une durée qui avoisine et peut dépasser vingt ans.

Modification de l'immeuble

Toute modification, comme la réalisation de

---

[125] Loi du 25 juin 1902, art. 1er, *in limine* : « Le bail emphytéotique de biens immeubles confère au preneur un droit réel susceptible d'hypothèque. »

[126] Loi du 25 juin 1902, art. 8, second alinéa : « En ce qui concerne les constructions existant au moment du bail et celles qui auront été élevées en exécution de la convention, [le preneur] est tenu des réparations de toute nature. »

l'immeuble initial, ne peut résulter que de l'accord des parties, tant pour ce qui concerne son principe que son financement. Si le financement est supporté par le bailleur, le loyer sera presque nécessairement augmenté.

Si le preneur finance l'extension, une disposition devra en organiser l'attribution au bailleur lors de la fin du bail.

Effet de la vente de l'immeuble

Conformément à l'AUDCG, art. 78, dans le cas où la SCII vendrait le bien, le cessionnaire resterait lié par le contrat de bail.

> Acte uniforme portant droit commercial général, art. 78 :
> « Le bail ne prend pas fin par la cessation des droits du bailleur sur les locaux donnés à bail.
> Dans ce cas, le nouveau bailleur est substitué de plein droit dans les obligations de l'ancien bailleur et doit poursuivre l'exécution du bail. »

Exploitation du local par le locataire

Il est peu vraisemblable que l'activité du locataire soit modifiée : dans le cas présent, le bâtiment a été spécifiquement conçu en vue d'une activité déterminée. Les dispositions de l'art. 81 de l'AUDCG ne concerne pas cette opération.

> AUDCG, art. 81 : « Le preneur est tenu d'exploiter les locaux donnés à bail en bon père de famille et conformément à la destination prévue au bail ou, à défaut de convention écrite, suivant celle présumée d'après les circonstances.
> Toutefois il est possible pour le preneur, d'adjoindre à l'activité prévue au contrat de bail, des activités connexes

ou complémentaires relevant d'un même domaine que celui envisagé lors de la conclusion du bail. Le preneur doit en aviser de manière expresse le bailleur. Le bailleur peut s'y opposer pour des motifs graves.

La spécificité de l'immeuble réduit la probabilité que la SCII trouve intérêt à en faire partir le preneur. Il est donc peu vraisemblable que l'article 83 de l'AUDCG trouve à s'appliquer :

AUDCG, art. 83 : « Â l'expiration du bail, le preneur qui, pour une cause autre que celle prévue à l'article 126 ci-après, se maintient dans les lieux contre la volonté du bailleur doit verser une indemnité d'occupation égale au montant du loyer fixé pendant la durée du bail, sans préjudice d'éventuels dommages et intérêts.

Indemnité d'éviction

Économiquement, l'indemnité d'éviction prévue par les articles 94 et suivants, est peu utile dans le cas présent du fait du lien technique entre la SCII, son locataire et l'immeuble. Elle peut cependant être maintenue pour faire face à un comportement surprenant de la SCI propriétaire des murs.

Au contraire, le droit au renouvellement du bail inscrit dans les articles 91 à 94 AUDCG est ici impérieux à la fois pour le preneur et le bailleur.

Ce renouvellement est indispensable à la fois pour le preneur et le bailleur, tant que les deux investisseurs n'ont pas intégralement récupéré leur mise. La durée renouvelée peut être à nouveau de neuf ans voire plus longue.

AUDCG, art. 91, 1er al. : « Le droit au renouvellement du bail à durée déterminée ou indéterminée est acquis au

preneur qui justifie avoir exploité conformément aux stipulations du bail, l'activité prévue à celui-ci pendant une durée minimale de deux ans. »
Al. 3 : « En cas de renouvellement exprès ou tacite, le bail est conclu pour une durée minimale de trois ans. »

Sous-location

Le locataire peut concéder son fonds de commerce en location-gérance, ce qui le conduit à sous-louer le local.

Les conditions imposées par l'art. 89 à une éventuelle sous-location s'appliquent parfaitement ici. Elles trouvent particulièrement à s'appliquer dans l'industrie hôtelière.

Acte uniforme portant droit commercial général, art. 89 : « Sauf stipulation contraire du bail, toute sous-location totale ou partielle est interdite.
En cas de sous-location autorisée, l'acte doit être porté à la connaissance du bailleur par tout moyen écrit.
A défaut, la sous-location lui est inopposable. »

Cession de son droit par le locataire

De même que le locataire peut sous-louer l'immeuble, il peut en céder l'usage à un tiers qui continue la même activité, sous réserve d'obtenir l'assentiment du propriétaire : ce dernier peut imposer dans le contrat que le repreneur dispose de la qualification professionnelle indispensable pour exploiter l'immeuble. Le propriétaire peut aussi s'assurer de la solvabilité du repreneur, avant d'autoriser la cession du fonds commercial.

Acte uniforme portant droit commercial général, art. 86 : « Toute cession du bail doit être signifiée au bailleur par acte extrajudiciaire, ou par tout autre moyen écrit,

mentionnant :
• l'identité complète du cessionnaire ;
• son adresse ;
• éventuellement, son numéro d'immatriculation au Registre du Commerce et du Crédit Mobilier.. »
Art. 87 : « A défaut de signification, dans les conditions de l'article 86 ci-dessus, la cession est inopposable au bailleur. »

3.1.3. Effet de levier

Les fondateurs de la SCII peuvent décider de financer la totalité du coût de la construction.

Si le loyer de l'argent est suffisamment bas, inférieur au taux qui sert au calcul du loyer, ils trouvent préférable d'emprunter la plus large partie du prix de la construction.

3.2. Externalisation temporaire du droit de propriété de l'immeuble : contrat de location-financement (*lease-back*)

Au cours de la vie d'une entreprise industrielle, apparaît parfois un besoin massif de liquidités nécessaires à la réalisation d'un projet de croissance. C'est ici que le contrat de *lease-back* (location-financement) montre son utilité. Cette opération est une variante du « crédit-bail immobilier »[127] que pratique *Alios* à Abidjan. Cette technique doit pouvoir être utilisée non seulement par des institutions spécialisées, mais par tout opérateur privé, personne physique ou morale, hypothèse envisagée ici.

---

[127] L'Acte uniforme révisé portant sur le droit commercial général, envisage le crédit-bail (art. 35-6°, 38-1° alinéa 2, 40, 66, 67, 68 et 69) mais ne semble pas distinguer le cas du crédit-bail immobilier, ni celui du *lease-back*. L'article 75-3° devrait être complété en ce sens.

Le contrat de *lease-back* permet à une entreprise dont la capacité d'endettement à plus d'un an est épuisée, de renforcer son fonds de roulement (en diminuant la masse de ses valeurs immobilisées) tout en trouvant un financement pour un nouveau projet.

Les ratios financiers ici évoqués sont les suivants :

Dettes à plus d'un an ≤ Capitaux propres

Fonds de roulement = Capitaux propres + Dettes à plus d'un an – Valeurs immobilisées

Il est regrettable que ce mode de financement des projets ne soit pas évoqué dans *MBA Finance*, alors qu'un chapitre est consacré au financement des projets[128]. On déplore la même absence de l'ouvrage d'Armand Dayan[129] bien qu'un long chapitre traite du financement, notamment du « financement par dettes ». Claude-Annie Duplat[130] ne propose pour résoudre les difficultés de trésorerie que :

- Tenter d'améliorer sa politique de trésorerie en pratiquant une politique volontariste de réduction des besoins en trésorerie: par exemple, décider de réduire la croissance de son chiffre d'affaires ou entreprendre une action de relance intensive des clients.
- Rechercher un partenaire ayant une surface financière suffisante et qui trouvera une synergie en s'associant avec l'entreprise qui connait des difficultés. Le rapprochement pourra être envisagé avec un fournisseur ou avec des personnes physiques, et se faire selon plusieurs modalités:

---

[128] Jean-Michel ROCCHI, « Financement de projet et d'actif (Project & Asset Finance) », *in MBA Finance*, Eyrolles, Paris, 2010, pp.201-202.

[129] Armand DAYAN, *Manuel de gestion*, vol. 2, Ellipses/AUF, Paris, 1999, pp. 161 sq.

[130] Claude-Annie DUPLAT, *Analyser et maîtriser la situation financière de son entreprise*, Vuibert, Paris, 2004, p

prise de participation dans le capital de la société, apport en trésorerie ou augmentation de capital.
- Céder l'entreprise à un repreneur qui pourrait être un partenaire commercial déjà connu: un fournisseur par exemple.

Au lieu de faire entrer un tiers dans le capital ou de vendre son entreprise, il eut été intéressant de procéder à un *lease-back* de l'immeuble dont l'entreprise est propriétaire (appelé « cession-bail » par Philippe Raimbourg et Martine Boizard)[131], où sont ses ateliers et bureaux. Pour ces auteurs, « l'externalisation d'actifs immobiliers d'entreprise peut se définir comme la cession par l'entreprise, d'actifs immobiliers conservant une utilité pour elle » (p. 775). Dans le cas du *lease-back*, cette externalisation est temporaire.

Concrètement, le propriétaire d'un immeuble à usage professionnel, en rétrocède la propriété à hauteur de la valeur de celui-ci à un groupe d'investisseurs, et en devient le locataire pour la durée du contrat (quinze ans par exemple). Avec la trésorerie que le cédant obtient de ce *lease-back* immobilier, il peut réaliser un projet d'investissements.

« Un contrat de location-financement est un contrat de location ayant pour effet de transférer au preneur la quasi-totalité des risques et des avantages inhérents à la propriété d'un actif. Le transfert de propriété peut intervenir ou non *in fine*. »[132]

« Des exemples de situations qui individuellement ou conjointement, devraient en principe conduire à classer un

---

[131] Philippe RAIMBOURG et Martine BOIZARD, *Ingénierie financière, fiscale et juridique*, Dalloz, Paris, 2009, « Ingénierie de l'externalisation d'actifs immobiliers d'entreprise », pp. 772-842, dont section 2, « Lease-back et cession-bail », pp.829-842.
[132] IAS 17, Contrats de location, § 4.

contrat de location en tant que location-financement, sont les suivants :

a) Le contrat de location transfère la propriété de l'actif au preneur au terme de la durée du contrat de location ;
b) Le contrat de location donne au preneur l'option de racheter l'actif à un prix qui devrait être suffisamment inférieur à sa juste valeur à la date à laquelle l'option peut être levée pour que dès le commencement du contrat de location, on ait la certitude raisonnable que l'option sera levée ;
c) La durée du contrat de location couvre la majeure partie de la durée de vie économique de l'actif, même s'il n'y a pas de transfert de propriété ;
d) Au commencement du contrat de location, la valeur actualisée des paiements minimaux au titre de la location s'élève au moins à la quasi-totalité de la juste valeur de l'actif loué ; et
e) Les actifs loués sont d'une nature tellement spécifique que seul le preneur peut les utiliser sans leur apporter de modifications majeures. »[133]

« Les indicateurs de situations qui individuellement ou conjointement, pourraient également conduire à classer un contrat en tant que contrat de location-financement, sont les suivants :

a) Si le preneur peut résilier la location, les pertes subies par le bailleur relatives à la résiliation, sont à la charge du preneur ;
b) Les profits ou les pertes résultant de la variation de la juste valeur de la valeur résiduelle sont à la charge du preneur (par exemple, sous la forme d'une

---

[133] IAS 17, § 10.

diminution de loyer égale à la majeure partie du produit de cession à la fin du contrat de location) ; et

c) Le preneur a la faculté de poursuivre la location pour une deuxième période moyennant un loyer sensiblement inférieur au prix du marché. »[134]

Le contrat de location-financement n'existant pas encore dans le droit de l'OHADA, il convient d'y trouver des éléments permettant d'atteindre le but, un bail de très longue durée, non renouvelable et presque irrévocable avant son échéance ultime.

3.2.1. La société bailleresse

Cette technique de financement peut être le fait d'une institution spécialisée ou d'une personne morale ou physique de droit privé, telle une société civile immobilière d'investissement.

Nous ne mentionnons que les dispositions propres à la société civile nécessaire dans le cas présent.

Objet de la société bailleresse

S'agissant d'une société civile immobilière, son objet peut porter sur le financement d'un seul projet ou de plusieurs :

- Acquisition et location-financement d'un seul l'immeuble pendant une durée fixée à l'avance, l'objet devient : « la société a pour objet l'achat de l'immeuble sis… et sa location-financement. Ledit immeuble est à usage de … Ledit immeuble sera loué à une société commerciale ou assimilée ». La

[134] IAS 17, § 11.

société est dissoute de plein droit du seul fait de la rétrocession de l'immeuble à son propriétaire initial.
- Acquisition et location-financement d'une pluralité d'immeubles : l'objet est alors celui qui a été énoncé au chapitre 3.1.1.

Durée de la société bailleresse

Dans le cas d'une location-financement, la durée de vie de la société bailleresse peut n'être qu'à peine supérieure à celle du contrat de location-financement, si une seule opération est envisagée. Dans ce cas, cette durée peut être de vingt années entières et consécutives ; la marge est destinée à la négociation des dernières clauses du contrat, préalable à la mise en place du financement, et au court délai qui peut séparer le paiement de la dernière échéance de loyer, du versement de la « valeur résiduelle » ; la société est dissoute et liquidée par anticipation lors de la cession de l'immeuble désigné dans l'objet social.

Prorogation de la durée de la société : Dans le cas de la SCII de location-financement, la prorogation peut difficilement respecter la disposition de l'art. 35 de l'AUSCGIE : un an avant l'échéance définitive du financement, le locataire peut être en situation lui permettant (un an plus tard) de payer la valeur résiduelle peu après le versement de la dernière échéance de loyer ; au contraire, lorsque survient cette échéance, le locataire peut subir une difficulté financière temporaire qui lui impose de demander un report, voire un étalement du paiement de cette valeur résiduelle sur plusieurs échéances.

Il peut donc être nécessaire de proroger la durée de la société temporairement propriétaire si une marge suffisante n'a pas été prévue dès sa création.

La revente de l'immeuble résulte des dispositions du contrat portant transfert de propriété entre le propriétaire initial et l'investisseur. Cet acte énonce : en particulier :

- Le transfert de l'immeuble ;
- Le bail très particulier ;
- La valeur résiduelle dont le versement par l'actuel cédant, lui permettra de redevenir propriétaire.

Cette vente n'a donc pas à être autorisée par une entité de la SCII.

Dissolution de la SCII

Le seul actif, hormis la trésorerie qui résulte des divers paiements du locataire, est l'immeuble donné en location-financement. Il est revendu à l'issue du contrat dans les conditions que ce dernier précise. Le partage de la trésorerie est le plus souvent effectué par le « gérant » qui exerce alors les fonctions de liquidateur. Conformément à l'AUSCGIE (adopté le 30 janvier 2014 à Ouagadougou (Burkina Faso), art. 206, 1°, il est désigné par l'unanimité des associés qui détermine son éventuelle rémunération.

3.2.2. Le « bail » de location-financement

Ce « bail » comporte des dispositions qui le rendent différent de tout autre. Il porte nécessairement sur un immeuble à usage professionnel, ce qui renvoie à l'article 103 de l'AUDCG, mais sa durée est limitée à celle nécessaire pour que le locataire temporaire restitue au propriétaire provisoire, la totalité de son investissement augmenté d'un intérêt. En raison de sa durée (quinze ans, le plus souvent), les échéances sont indexées.

Malgré quelques ressemblances avec le contrat de vente à réméré organisé par le code civil, le *lease-back* immobilier est un contrat *sui generis*.

> Code civil, art. 1659 : « La faculté de rachat ou de réméré est un acte par lequel le vendeur se réserve de reprendre la chose vendue, moyennant la restitution du prix principal, et le remboursement dont il est parlé à l'article 1673. »
> Art. 1660 : « La faculté de rachat ne peut être stipulée pour un terme excédant cinq années.
> Si elle a été stipulée pour un terme plus long, elle est réduite à ce terme. »
>
> Art. 1661 : « Le terme fixé est de rigueur et ne peut être prolongé par le juge. »
>
> Art. 1662 : « Faute par le vendeur d'avoir exercé son action de réméré dans le terme prescrit, l'acquéreur demeure propriétaire irrévocable. »

Il diffère du contrat de vente à réméré dans les termes suivants :

- Le propriétaire initial devenu locataire ne remboursera pas le propriétaire temporaire, mais lui versera successivement un loyer, puis *in fine* un prix réduit prévu par le contrat, usuellement appelé « valeur résiduelle » ;
- La durée du contrat, parce qu'elle vise à l'amortissement financier de la valeur d'un immeuble, ne peut être limitée à cinq ans ;
- Ce contrat ne peut porter que sur des immeubles à usage commercial, industriel, artisanal ou professionnel.

Écarts entre le contrat de lease-back (location-financement) et le bail professionnel usuel organisé par les articles 101 et suivants de l'Acte uniforme portant droit commercial général (AUDCG)

Montant du loyer

Il faut distinguer la location de l'immeuble, de sa location-financement pendant un nombre contractuel, limité d'années (quinze ans, le plus souvent). Ce loyer n'a aucune relation avec ceux usuels sur le même marché.

Le loyer est destiné à l'amortissement financier du capital investi sur la durée du contrat, et au versement de l'intérêt. Le taux d'intérêt servant au calcul des loyers, est usuellement calculé à partir des éléments suivants :

- Le loyer de l'argent sans risque (en Côte d'Ivoire, 5,8 %, taux du plus récent emprunt émis par l'État),
- Une prime de risque ;
- Une marge bénéficiaire.

Si le futur propriétaire emprunte dans une banque une partie du prix d'achat de l'immeuble, « le loyer de l'argent sans risque » est remplacé par le taux demandé par cette banque.

Dans le cas présent, l'article AUDCG 116, dans une perspective libérale, doit être limité à ses premiers termes : « Les parties fixent librement le montant du loyer. »

La suite des loyers pour toute la durée du contrat, a été fixée dès l'origine. Il n'y a donc pas lieu à « renouvellement », sauf le cas où lors de la dernière échéance, le locataire temporaire demandait que le versement de la « valeur résiduelle » soit remplacé par une courte location additionnelle.

À l'issue du contrat, après la dernière échéance de loyer, le preneur verse une « valeur résiduelle », ce qui lui permet de redevenir propriétaire de l'immeuble.

L'indexation de la valeur résiduelle comme celle des loyers est indispensable pour anticiper les méfaits de l'inflation.

À défaut d'un indice économique fiable, publié sur une longue durée, qui mesure l'inflation, les parties conviennent du cours de bourse d'une matière première, tels l'or, le café, etc.

« L'acheteur établira de son côté un tableau des flux nets de revenus prévisionnels (*cash flow*) de l'opération en fonction de divers scenarii (renouvellement du bail initial, libération et travaux, division et location à plusieurs preneurs, revente…), de ses prévisions de TRI (taux de rendement interne) et des exigences des préteurs qui assureront le financement de cette transaction ou des véhicules de titrisation (fonds communs de créances) qui peuvent avoir été envisagés pour assurer le financement[135]. »

Durée du bail

Elle est celle qui est nécessaire à l'amortissement financier de l'investissement (rembourser à l'investisseur le montant de son achat) et le paiement de l'intérêt de cette somme. Usuellement, elle est de quinze années.

---

[135] Guy AMOYEL, Alain COHEN, Guy GILLET, Lionel PANCRAZIO, « Ingénierie de l'externalisation d'actifs immobiliers d'entreprise », *in* Philippe Rambourg, Martine Boizard, *Ingénierie financière juridique et fiscale*, Dalloz, Paris, 2009, pp. 790-791.

Grosses réparations

Le caractère *sui generis* du contrat de *lease-back* requiert que par exception aux dispositions des articles 106 et 107 de l'AUDCG, les grosses réparations soient supportées par le locataire au même titre que les réparations d'entretien.

De même, le locataire temporaire modifie l'immeuble à son gré sous la condition de n'en pas réduire la valeur.

Il peut aussi modifier la nature de son activité. Cette disposition ne diffère pas des dispositions de l'art. 113 de l'AUDCG mais les précise. Le preneur peut être dispensé d'aviser le bailleur temporaire des modifications apportées à son activité.

AUDCG, art. 113 : « Le preneur est tenu d'exploiter les locaux donnés à bail en bon père de famille et conformément à la destination prévue au bail ou, à défaut de convention écrite, suivant celle présumée d'après les circonstances. Toutefois il est possible pour le preneur, d'adjoindre à l'activité prévue au contrat de bail, des activités connexes ou complémentaires relevant d'un même domaine que celui envisagé lors de la conclusion du bail. Le preneur doit en aviser de manière expresse le bailleur. Le bailleur peut s'y opposer pour des motifs graves.

L'article 115 de l'AUDCG ne trouve pas à s'appliquer ici. Il doit donc être écarté.

Acte uniforme portant droit commercial général, art. 115 : « Â l'expiration du bail, le preneur qui, pour une cause autre que celle prévue à l'article 126 ci-après, se maintient dans les lieux contre la volonté du bailleur doit verser une indemnité d'occupation égale au montant du loyer fixé

pendant la durée du bail, sans préjudice d'éventuels dommages et intérêts.

L'issue naturelle du contrat de *lease-back* est le versement de la « valeur résiduelle » de l'immeuble (éventuellement réévaluée pour corriger les effets de l'inflation, si cette possibilité est mentionnée dans le contrat), peu après le paiement du dernier loyer, à l'effet de redevenir propriétaire de l'immeuble.

Le droit au renouvellement du bail inscrit dans les articles 123 à 125 n'a donc pas sa place ici. Il en est de même de l'indemnité d'éviction prévue par les articles 126 et suivants.

Alors que la cession de l'immeuble est permise au bailleur temporaire, il est exclu que le locataire temporaire quitte les lieux. Le contrat a été rédigé *intuitu personnae*. Il tient compte de la solvabilité propre au locataire, anciennement propriétaire et qui vise à le redevenir.

Il s'ensuit que, contrairement aux articles 118 à 120 de l'AUDCG, la cession de son droit par le locataire temporaire est soumise à l'approbation préalable et écrite du bailleur temporaire, qui ne peut être donnée qu'après vérification de la solvabilité du repreneur. Cette autorisation peut donc être refusée sans que le locataire temporaire puisse le contester.

Dans le cas où le bailleur aurait agréé le cessionnaire du *lease-back*, et conformément à l'AUDCG, art. 110, le cessionnaire resterait lié par le contrat de *lease-back*.

Cession de l'immeuble par le bailleur temporaire

Acte uniforme portant droit commercial général, art. 110 :
« Le bail ne prend pas fin par la cessation des droits du bailleur sur les locaux donnés à bail.
Dans ce cas, le nouveau bailleur est substitué de plein

droit dans les obligations de l’ancien bailleur et doit poursuivre l’exécution du bail. »

Le cessionnaire de l’immeuble continue le contrat de *lease-back* dans ses termes initiaux.

Sous-location

L’interdiction portée dans l’art. 121 semble ici à sa place.

Acte uniforme portant droit commercial général, art. 121 : « Sauf stipulation contraire du bail, toute sous-location totale ou partielle est interdite.
En cas de sous-location autorisée, l'acte doit être porté à la connaissance du bailleur par tout moyen écrit.
À défaut, la sous-location lui est inopposable. »

Cependant, les parties doivent être laissées libres de l’autoriser dans le contrat initial ou dans un acte ultérieur.

Interdiction de résilier

Un contrat de location-financement ne peut être résilié, contrairement à un bail professionnel usuel. Les articles 133 et suivants ne s’appliquent donc pas ici.

Schéma représentant les acteurs d'un contrat de lease-back et leurs fonctions

Les investisseurs immobiliers	**Le propriétaire à l'origine**
- désirent : + la sécurité de leur placement + un revenu fixe. - disposent de liquidités en quête de placement - acceptent : + la fiscalité des SCI + les contraintes du droit civil qui freinent la cession des parts des sociétés civiles	- désire : + des liquidités - accepte : + de payer un loyer ; + de payer en fin de contrat, une valeur résiduelle. + de supporter les réparations d'entretien courant et les grosses réparations.
- constituent une SCI qui finance l'acquisition de l'immeuble	
- empruntent éventuellement une partie du coût de cette acquisition	

En commun, ils définissent les termes d'un bail dont le loyer est calculé en tenant à la fois :

- de la valeur de l'immeuble ;
- de l'intérêt de l'argent ;
- de l'inflation,

Ils déterminent les autres clauses du bail.

Le contrat de vente entre le propriétaire à l'origine et les investisseurs immobiliers, inclut le bail et une clause aux termes de laquelle l'investisseur immobilier s'oblige à revendre l'immeuble au propriétaire initial à un prix convenu dès le départ, éventuellement indexé pour tenir compte de l'inflation

De même, le propriétaire initial s'oblige à racheter l'immeuble au prix convenu,

Clause compromissoire

Conformément à un usage bien établi du droit des affaires, le bail mentionne l'institution arbitrale[136] ou l'arbitre auquel sera demandée la résolution d'un éventuel conflit[137].

L'article 134 (« dispositions d'ordre public ») ne peut viser qu'un bail professionnel usuel, non un contrat de location-financement. Ces dispositions doivent donc être écartées.

Fiscalité du lease-back

Aucune disposition particulière en Afrique occidentale, ne réduit les droits d'enregistrements propres à cette opération, alors qu'elle implique deux actes de cession, le second neutralisant les effets du premier souscrit quinze ans plus tôt, parfois plus.

Il serait souhaitable que des textes soient adoptés pour cette opération très particulière, inspirés, par exemple, des dispositions du droit français. La circulaire de la direction générale des Impôts du 30 septembre 1968 définit le *lease-back* : « l'opération par laquelle une société de crédit-bail achète à une entreprise un investissement déjà réalisé et le lui donne aussitôt à bail en vertu d'un contrat de crédit-bail. » Cette définition implique la présence d'une institution spécialisée, la société de crédit-bail immobilier. Il est souhaitable qu'elle soit étendue à tout groupe d'opérateurs groupés en une société civile immobilière pour le commerce et l'industrie dont l'objet est limité à une opération de location-financement.

---

[136] Cour Commune de Justice et d'Arbitrage, *Règlement de procédure.*

[137] Acte uniforme sur le droit de l'arbitrage, adopté le 11 mars 1999 et paru au JO OHADA n°08 du 15 mai 1999.

L'ordonnance française n° 67-837 du 28 septembre 1967 relative aux opérations de crédit-bail et aux sociétés immobilières pour le commerce et l'industrie, exonère du droit de mutation à titre onéreux (art. 6-e, 2ème alinéa) « lorsqu'une société immobilière pour le commerce et l'industrie acquiert des immeubles dont elle concède immédiatement la jouissance au vendeur par un contrat de crédit-bail. »

Effet de levier

La société civile peut financer l'achat avec le seul moyen de son capital social ; elle peut aussi emprunter une partie du prix d'achat de l'immeuble. Pour respecter le ratio

Capitaux propres ≥ Dettes à plus d'un an

Cette opération est rentable sous la condition :
Intérêt bancaire < Intérêts utilisé dans le calcul du loyer

Le schéma de l'opération est alors le suivant :

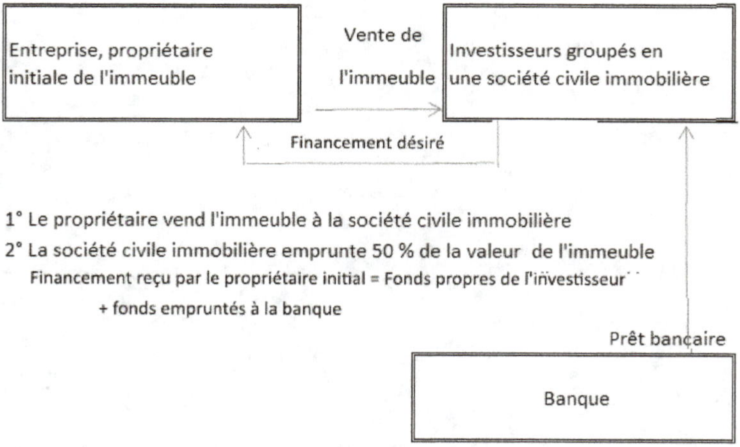

3° L'ex-propriétaire souscrit un bail avec la SCI.
4° L'ex-propriétaire paie le loyer de l'immeuble pendant toute la durée du bail.
5° A la dernière échéance du bail, l'ex-propriétaire joint la valeur de rachat de l'immeuble dont il redevient propriétaire.

3.3 Conclusion

Les deux techniques de financement hors marché sont indépendantes l'une de l'autre.

Le montage qui combine SCII et société commerciale, répartit les risques de l'entreprise entre deux groupes aux objectifs très différents, mais dont la bonne entente est indispensable au succès de l'opération.

La location-financement est un contrat susceptible d'apporter à une société le supplément de trésorerie qui lui est temporairement nécessaire. Souscrit par des opérateurs privés, elle constitue aussi un moyen de mobilisation de l'épargne.

Il n'est pas souhaitable qu'arbitrairement cette dernière soit réservée à des institutions financières spécialisées.

C'est donc une opération dont l'organisation est nécessaire au profit de tous intervenants, parce qu'elle œuvre au développement des États membres de l'espace OHADA.

CHAPITRE QUATRE - FINANCER UN IMMOBILIER RÉPONDANT À L'ÉVOLUTION DE LA DÉMOGRAPHIE : LES SOCIÉTÉS D'EXPLOITATION D'UN PATRIMOINE IMMOBILIER

> « Un législateur, outre qu'il doit avoir le sens de la vérité et de l'éternel - Justice et Bien-, doit tenir compte de critères fondés sur l'expérience. Il doit avoir la connaissance du comportement humain et du passé de la cité dans laquelle on vit. » (Margaret DOODY, *Aristote et les belles d'Athènes*, 10/18 n° 3927, Paris, 2006)

Résumé

L'absolutisme administratif impose que l'OHADA, pour concourir à la solution du problème du logement urbain, conçoive un droit des affaires propre aux investisseurs immobiliers.

Deux solutions sont envisagées ici :

- La société civile de placement immobilier ;
- La société anonyme de placement immobilier.

Elles sont destinées à fournir les outils nécessaires au développement du parc immobilier urbain et à enrichir l'Acte uniforme relatif au droit des sociétés commerciales et du groupement d'intérêt économique.

Abstract

The administrative absolutism imposes that the Organization for the harmonization of the business law in Africa, to contribute to the solution of the urban housing problem, conceives a business law appropriate to the real estate investors.

Two solutions are envisaged here,

- The real-estate investment trust;
- The real-estate investment public corporation.

They are intended to supply tools necessary for the development of the urban housing stock and to enrich the uniform Act concerning the commercial companies law and the economic interest group.

Mots-clés : marché financier, investissement immobilier, logement urbain, SCPI, SAPI, société civile.

Plan

4.1. Nécessité de concevoir un nouvel Acte uniforme, ou d'amender celui qui régit les sociétés commerciales
4.2. Société civile de placement immobilier (SCPI)
4.2.1. Gérance de la SCPI
4.2.2. Valeur des immeubles
4.2.3. Certification des comptes
4.2.4. Répartition des bénéfices
4.2.5. Forme des titres
4.2.6. Augmentation du capital en numéraire
4.2.7. SCPI à capital et personnel variable
4.2.8. Cession des parts et communication financière
4.3. Enregistrement des cessions de parts ou d'actions
4.3.1. Cession de parts donnant droit à un ou plusieurs lots immobiliers
4.3.2. Cession de parts de SCPI sans relation avec un quelconque patrimoine immobilier
4.4. Société anonyme de placement immobilier (SAPI)
4.5. Actions des SAPI
4.6. Valeur des parts d'une SCPI

4.1. Nécessité de concevoir un nouvel Acte uniforme, ou d'amender celui qui régit les sociétés commerciales

L'Acte uniforme portant droit des sociétés commerciales et du groupement d'intérêt économique ne réglemente pas encore les sociétés intervenant sur le marché immobilier pour collecter l'épargne et réaliser de vastes ensembles. La croissance des populations africaines, l'exode rural et l'immigration vers la Côte d'Ivoire qui font croître encore plus la population urbanisée, incitent à concevoir une législation qui favorise la mobilisation de la petite épargne en renfort de ce dont dispose la grande bourgeoisie, conformément à l'adage plus que centenaire énoncé par Henri Germain, fondateur du Crédit Lyonnais en 1863, « il y a plus d'argent dans la poche de monsieur Tout-le-monde que dans celle de monsieur Rothschild. »

L'investissement immobilier est porteur de risques qui lui sont propres[138] :

- En bloquant son épargne dans un seul immeuble, on risque de voir le revenu chuter en l'absence de locataire ou face à un locataire impécunieux ;
- Faute d'une information suffisante, on risque de ne voir la dégradation d'un quartier que trop tard, et de subir la chute du prix de revente ; parce que l'immobilier est illiquide, il est important d'agir dès les premiers symptômes d'une évolution, que l'investisseur individuel perçoit rarement[139].

---

[138] Mondher CHERIF, Stéphane DUBREUILLE, *Création de valeur et capital-investissement*, Pearson Education, 2009, p. 126.

[139] D'après David SWENSEN, *Gestion de portefeuilles institutionnels*, Maxima Laurent Du Mesnil, Paris, 2009, pp. 195 sq.

Les solutions proposées visent à collecter la masse des investissements nécessaires pour répondre à cette demande, tout en mettant les investisseurs à l'abri de ces risques. Deux solutions sont envisagées :

- Les sociétés civiles de placement immobilier ;
- Les sociétés anonymes de placement immobilier.

Ces sociétés offrent au public la possibilité de diversifier ses placements immobiliers et donc de réduire les risques liés aux investissements : « Les atouts de l'investissement indirect : la diversité, la flexibilité et la taille des investissements possibles. De très importants moyens financiers et une expertise spécialisée peuvent être mobilisés pour de grands projets comme la conversion de friches industrielles[140]. »

Harry Markowitz a montré en 1952[141] que la diversification permet d'optimiser un portefeuille boursier, principe généralisable à d'autres formes d'investissements. Un portefeuille bien diversifié permet de réduire le risque non systématique mais la diversification ne permet pas de réduire le risque systémique, qui correspond au risque du marché.

Cependant, le mathématicien Benoît Mandelbrot[142] considère que ces théories, issues de l'École de Chicago, ont été maintes fois remises en cause lors, notamment, des différents krachs boursiers. Les fluctuations du marché

---

[140] Journées des alternatives urbaines, « Stratégies foncières et immobilières des grands propriétaires et investisseurs collectifs », 3 mai 2013, http://alternativesurbaines.ch/wp-content/uploads/AlterUrbaines_Strategies_foncieres.pdf

[141] Harry MARKOWITZ. (1952). Portfolio Selection, *Journal of Finance*, 7 (1), 77-91.

[142] Benoît MANDELBROT. *Fractales, hasard et finance*, Flammarion, Paris, 1959, 1997.

immobilier sont plus lentes que celles du marché boursier, ce qui permet de faire évoluer un portefeuille de parts de sociétés de placement immobilier, qui met à l'abri de risques très usuels sur le marché immobilier[143] :

- Difficulté et lenteur de la revente ;
- Défaut de paiement des locataires : ce risque est aggravé lorsque leur nombre est petit.

Cette diversification peut être opérée de deux manières :

- En achetant ou souscrivant des parts ou actions d'une société disposant d'un vaste portefeuille de placements immobiliers ;
- En achetant ou souscrivant des parts ou actions de plusieurs sociétés.

Les associés ou actionnaires bénéficient des avantages suivants :

- Les parts ou actions sont plus aisément vendables qu'un immeuble entier (meilleure liquidité du patrimoine investi) ;
- Le taux d'occupation est d'autant moins affecté par les départs de locataires ou un incident de paiement, que le portefeuille de la SCPI ou de la SAPI est plus étendu et plus diversifié ; la rentabilité globale serait donc plutôt meilleure que celle d'un local isolé ou d'un petit groupe de locaux (villas) ;
- La gestion des SCPI et SAPI étant confiée à des professionnels, ils savent collecter les informations sur l'évolution du marché et procéder à temps aux arbitrages indispensables (vente d'un immeuble sis dans un quartier dont la cote est en baisse, pour en

---

[143] Martin HOESLI, *Investissement immobilier et diversification de portefeuille*, Economica, Paris, 1993.

acheter un autre, mieux placé, dans un quartier dont la cote est en hausse). Ces professionnels sont en mesure d'élaborer un modèle prédictif qui analyse et anticipe l'évolution d'un quartier. À cet effet, ils collectent 1) les renseignements connus au moment de la prévision, et 2) des résultats potentiels.
Les résultats obtenus, combinés à l'ensemble des facteurs et leurs niveaux d'incidence, constituent un indicateur de risques efficace pouvant être utilisé comme critère de décision pour le choix de nouveaux investissements. Cette méthode permet de transformer un risque de type « inconnu-inconnu » en un risque « connu-inconnu », ou en d'autres termes, en un risque calculé[144].

4.2. Société civile de placement immobilier (SCPI)

Une société civile de placement immobilier (SCPI) est une « société particulière » (C. civ., art. 1841 sqq) destinée à acheter ou construire un ou plusieurs immeubles qu'elle donne en location.

En droit de l'OHADA, étant de forme civile, ces sociétés n'ont pas accès à la BRVM. Cependant, au cours d'entretiens restreints, l'UEMOA a considéré en 2007 puis en 2009, que la publicité lancée par les promoteurs d'une SCPI, la circulation des parts dans le public et la liberté de les céder (malgré les contraintes imposées par l'article 1690 du code civil), mettaient ces sociétés en relation avec le marché financier. Elle a interdit la création de telles sociétés en l'absence de texte, manifestant ainsi le caractère étatiste du droit et son refus de toute forme de

---

[144] D'après CGI, *Analyse prédictive – L'essor et la valeur de l'analyse prédictive dans la prise de décision*, internet, pp. 2-3 https://www.cgi.com/sites/default/files/white-papers/analyse-predictive.pdf

libéralisme. La création des textes nécessaires par une autorité des marchés financiers (UEMOA, COSUMAF, etc.) ou l'OHADA, permettrait le lancement de ces sociétés.

Les premières SCPI avaient été créées en France par la pratique (*Groupe Pelloux* fondé en 1960, etc.). Ce ne sont que des scandales (affaire de la *Garantie foncière*, 1971, etc.) qui ont conduit le législateur à les encadrer.

En droit français, la SCPI est autorisée à faire appel public à l'épargne par les articles L214-50 sq du code monétaire et financier.

Code monétaire et financier, art. L214-50 : « Le règlement d'un fonds de placement immobilier ou les statuts d'une société de placement à prépondérance immobilière à capital variable fixent la durée des exercices comptables qui ne peut excéder douze mois. Toutefois, le premier exercice peut s'étendre sur toute durée n'excédant pas dix-huit mois.

Dans un délai de six semaines à compter de la fin de chaque semestre de l'exercice, la société de placement à prépondérance immobilière à capital variable ou la société de gestion du fonds établit l'inventaire de l'actif de l'organisme de placement collectif immobilier sous le contrôle du dépositaire.

L'une d'elles établit de même les comptes annuels de l'organisme de placement collectif immobilier et un rapport écrit sur la gestion de l'organisme de placement collectif immobilier dont le contenu défini par décret en Conseil d'État, expose notamment la situation de l'endettement et de la liquidité de l'organisme de placement collectif immobilier. Ce rapport est mis à la disposition des actionnaires ou des porteurs de parts dans des conditions précisées par le règlement général de l'Autorité des marchés financiers.

> Par dérogation aux dispositions du premier alinéa de l'article L123-22 du code de commerce, la comptabilité d'un organisme de placement collectif immobilier peut être tenue en toute unité monétaire selon des modalités fixées par décret.
> Les documents mentionnés au présent article sont mis à la disposition du commissaire aux comptes dans les conditions fixées par décret en Conseil d'État. »

Une SCPI est le plus souvent instituée par une société spécialisée dans cette constitution et la gestion des SCPI. Bien que de forme civile, il est nécessaire que la SCPI soit constituée conformément aux dispositions des articles 73 et suivants de l'AUSCGIE, et qu'elle soit immatriculée au RCCM.

La SCPI peut être constituée à des fins variées :

- pour ne gérer qu'un ensemble immobilier ;
- pour gérer un ensemble d'immeubles de même type, par exemple en n'achetant que des immeubles commerciaux ;
- pour acquérir et gérer des immeubles choisis selon des critères géographiques (un seul quartier, une seule ville, un seul pays) ;
- pour gérer un portefeuille diversifié, combinant immeubles d'habitation et commerciaux, investissements dans plusieurs villes ou même, si la réglementation des changes le permet, dans plusieurs pays.

Dans la mesure où la SCPI est constituée pour gérer un portefeuille d'immeubles dont le contenu peut fluctuer en fonction des opportunités, son objet est le suivant : « la société a pour objet en [nom du pays où la société est implantée] et en tout pays, l'achat, la vente, la mise en location, la gestion, de tout immeuble bâti ou non, à usage d'habitation, de commerce, d'industrie, artisanal ou professionnel ; la construction, la transformation, l'extension, la réhabilitation de toute construction ».

Un tel objet permet d'acheter, vendre ou louer sans incidence sur l'existence de la SCPI. En particulier, la vente d'un immeuble est sans effet sur la continuation de la société ; sauf disposition contraire des statuts ou d'un règlement intérieur, les acquisitions et les ventes sont des décisions de gestion qui ne relèvent que du gérant de la société. Le même objet, avec les mêmes effets, peut être adopté par une société anonyme[145] de placement immobilier (SAPI) ; dans ce cas, les décisions d'achat ou de vente d'immeubles sont prises par le conseil d'administration.

Plus encore que les « sociétés civiles immobilières d'investissement », les « sociétés civiles de placement immobilier » doivent bénéficier de dispositions très précises.

AUSCGIE, art. 81 : « Sont réputées faire appel à l'épargne :
- Les sociétés dont les valeurs mobilières sont admises à la négociation sur la bourse des valeurs d'un État partie.
- Les sociétés ou toute personne qui offrent au public d'un État partie, des valeurs mobilières dans les conditions énoncées à l'article 83 ci-après. »
Art. 83 : « L'offre au public de valeurs mobilières visée à l'article 81 ci-dessus, est constituée par l'une des opérations suivantes :
1° Une communication adressée sous quelque forme et par

[145] Organisée et gérée en conformité avec l'Acte uniforme du 17 avril 1997 relatif au droit des sociétés commerciales et du GIE, art. 385 sqq.

quelque moyen que ce soit à des personnes et présentant une information suffisante sur les conditions de l'offre et sur les valeurs mobilières à offrir, de manière à mettre une personne en mesure d'envisager d'acheter ou de souscrire ces valeurs ;
2° Un placement de valeurs mobilières par intermédiaires financiers dans le cadre soit d'une émission soit d'une cession.

On admet usuellement qu'une « valeur mobilière » est une catégorie de titres financiers cotés à une bourse des valeurs et donc cessible par simple tradition. Les parts de sociétés civiles, notamment de SCPI, ne correspondent pas à cette définition en raison même de la procédure requise pour leur cession. Cependant on peut considérer que les termes très larges, étatistes, de l'article 82 de l'AUSCGIE font obstacle à leur diffusion.

AUSCGIE, art. 82 : « Il est interdit aux sociétés n'ayant pas été autorisées par le présent Acte uniforme, de faire publiquement appel à l'épargne.
Il est également interdit à toute personne de procéder à la cession par appel public à l'épargne des titres d'une société n'étant pas autorisée à faire publiquement appel à l'épargne par le présent Acte uniforme.
Toute opération effectuée en violation des dispositions du présent article est nulle.

Ces sociétés doivent donc être expressément autorisées à faire appel public à l'épargne bien que leurs parts ne soient cessibles que dans les conditions requises par le code civil (art. 1690) :

- Rédaction de la cession en un acte écrit ;
- Signification à la société de la cession par acte extrajudiciaire,

- à moins que la société l'ait acceptée en un acte authentique.

Comme précédemment, il serait bénéfique de faire bénéficier les SCPI des dispositions de l'article 275 de l'AUSCGIE. Bien évidemment, le consentement unanime des associés est ici impensable ; au plus, peut être requis le consentement de la gérance.

Les SCPI comme les SAPI doivent être immatriculées au registre du commerce et du crédit mobilier (RCCM).

Comme précédemment, la responsabilité financière des associés reste celle définie par le code civil ; il est souhaitable que la procédure de cession des parts soit celle qu'organise l'art. 275 de l'AUDSGIE ; quant aux autres dispositions demeurent celles mentionnées dans le code civil.

La gérance et les assemblées d'associés doivent être identiques à celles jusqu'à présent imposées aux sociétés à responsabilité limité : la règle de l'unanimité n'est pas conforme aux réalités de sociétés dont la plupart des associés ne répondent à aucune convocation.

4.2.1. Gérance de la SCPI

Les SCPI sont le plus souvent gérées par l'entité qui leur a donné naissance, qui fait bénéficier les associés de son professionnalisme et de sa rigueur. Cette remarque ne modifie en rien le principe de la souveraineté des assemblées de la SCPI.

Chaque année, le gérant adresse à l'assemblée générale des associés :

- un rapport de gestion dans lequel il expose l'activité de la société durant l'exercice écoulé et sa situation à la fin dudit exercice ;
- le programme de l'année qui commence ;
- les conventions souscrites entre la société, sa

gérance et/ou des associés ;
- l'évolution de la valeur du patrimoine immobilier et les prévisions pour l'année en cours.

4.2.2. Valeur des immeubles

Parce que quiconque peut en acquérir les parts en raison de la confiance qui est faite à la société émettrice et à sa communication financières, une SCPI doit justifier de façon précise de la valeur de marché des immeubles dont elle est propriétaire. Chaque année, ces immeubles doivent être estimés par un expert foncier agréé par une autorité des marchés financiers (UEMOA, COSUMAF, etc). Cette valeur figure à l'actif de ces sociétés, déterminée en conformité avec la norme internationale IAS40[146] et particulièrement ses paragraphes 33 à 51, de telle sorte que leurs « capitaux propres » soient un très bon estimateur de la valeur vénale de ces sociétés, donc de celle des parts qui composent leur capital.

« Pour l'administration [de l'Enregistrement], seule une analyse rigoureuse des prix constatés sur le marché permet d'éliminer les valeurs extrêmes et de dégager des tendances dominantes d'un marché apparemment discordant. La méthode d'évaluation par comparaison procède directement de l'application de ces principes. Par ailleurs, c'est la principale méthode utilisée non seulement par l'administration, mais aussi par les experts privés et les juridictions qui ont à connaître des litiges portant sur les valeurs immobilières. Les autres méthodes ne sont utilisées que lorsque les résultats obtenus par la méthode d'évaluation par comparaison ont besoin d'être confortés en raison notamment de la faiblesse de l'activité du

---

[146] *Code IFRS – Normes et interprétations*, Groupe Revue Fiduciaire, Paris, 2012.

marché local. » (Rép. Peyrou, Sén. 25 mars 1982, p. 825)[147]

L'évaluation des locaux commerciaux présente quelques particularités. Il faut non seulement examiner l'état du marché local, mais aussi considérer que chaque immeuble est unique quant à son emplacement, sa consistance, ses caractéristiques : état d'entretien, équipement intérieur, travaux réalisés, charges normales et charges exceptionnelles, etc. S'y ajoute la conformité avec les règlements[148], le caractère modulable des locaux.

4.2.3. Certification des comptes

Bien que la forme de la SCPI soit civile, la présence d'un commissaire aux comptes agréé par une autorité des marchés financiers, est indispensable.

Il est tout à fait souhaitable, en outre, d'imposer aux SCPI la présence d'un auditeur financier interne agissant en conformité avec la norme internationale d'audit financier ISA 200[149] et d'imposer au commissaire aux comptes de présenter chaque année à l'assemblée des associés, un rapport sur l'activité de l'audit interne financier.

Une telle exigence figure en droit français où la loi impose au commissaire aux comptes, en conformité avec la norme internationale ISA 610[150], de rédiger un rapport sur le fonctionnement de l'audit interne.

---

[147] Éditions Francis Lefebvre, *Évaluation*, Paris, 2005, p. 29.

[148] Les établissements recevant du public (ERP) sont soumis à des normes particulières. Un immeuble commercial, professionnel, etc., qui n'est pas conforme, doit être déprécié du coût de sa mise en conformité.

[149] En ce sens, CNCC-IRE-CSOEC juin 2012, *Normes internationales d'audit*.

[150] La norme ISA 610 (révisée en 2013), « Exploiter le travail des

Il est donc nécessaire de faire élire par l'assemblée annuelle des associés, un « comité d'audit » chargé de sélectionner et recruter l'auditeur interne et d'en recevoir les rapports.

Le commissaire aux comptes selon ses constatations et après avoir pris connaissance des travaux de l'auditeur interne et du rapport de l'expert foncier :

- rédige un rapport sur l'activité de l'auditeur interne, et un « rapport général » dans lequel il
- certifie les états financiers sans réserve ; ou
- ne les certifie qu'après avoir mentionné diverses réserves ; ou
- refuse de certifier les comptes et, dans ce cas, remet copie de son rapport au procureur de la République.

Il produit un troisième rapport sur les conventions intervenues entre la société et l'un de ses gérants ou un associé (AUDSGIE, art. 347).

Le rapport de l'expert foncier et les trois rapports du commissaire aux comptes sont envoyés aux associés au moins quinze jours avant la réunion de l'assemblée générale annuelle.

---

auditeurs internes » (*Using the Work of Internal Auditors*) a été approuvée par l'IAASB (*International Auditing and Assurance Standards Board*) en juin 2008, expose dans quelles conditions les auditeurs externes peuvent/doivent exploiter les rapports de mission des auditeurs internes et, éventuellement leur confier des missions particulières. Élisabeth BERTIN, *Audit interne : Enjeux et pratique à l'international*, Eyrolles, Paris, 2007, p. 173. *Norme internationale d'audit 610 – Utilisation des travaux des auditeurs internes*, https://www.cncc.fr/sections/documentation_profes/documentation_de_ref/norme_et_doctrine_pr/normes_international/utilisation_des_trav/isa_610_utilisation/downloadFile/attachedFile/ISA_610-_Juin_2012.pdf%3Fnocache%3D1340117662.11.

4.2.4. Répartition des bénéfices

Les bénéfices sont, pour une part, conservés dans la société à titre de réserves, pour le reste distribués entre les associés à titre de dividendes, en proportion du nombre de parts dont chaque associé est propriétaire. Les bénéfices de la SCPI sont composés des loyers qu'elle perçoit, diminués des charges de gros entretien et travaux exceptionnels, des frais de fonctionnement, de la rémunération de la société qui la gère[151].

4.2.5. Forme des titres

Par différence avec les parts des autres sociétés civiles, celles des SCPI sont représentées par des certificats nominatifs de parts librement cessibles entre associés. Il est souhaitable d'abolir l'obligation de l'agrément préalable par la gérance, des tiers auxquels un associé souhaite vendre ses parts.

Les parts des sociétés civiles immobilières (SCII et SCPI) ne peuvent être données en nantissement[152] qu'à la condition que les statuts de la société organisent la procédure d'exécution des parts et permettent que

[151] A titre d'exemple, on constate que les honoraires de gestion des immeubles d'une telle société représentent 4 % à 5 % des loyers facturés, tandis que les honoraires d'administration des locataires et recouvrement des loyers représentent sensiblement le même montant (ensemble, 8 % à 10 % des loyers facturés, environ).

[152] Le nantissement des parts d'une société ne peut prendre la forme d'une dépossession puisque les parts de ces sociétés ne sont pas matériellement créées. Il prend donc la forme d'un transfert pignoratif (Acte uniforme portant organisation des sûretés, en vigueur depuis le 1-1-98, art. 50, 1° et C. civ., art. 1690). Il est subordonné à l'acceptation du créancier nanti en qualité d'associé pour la durée de sa créance, par les autres associés agissant dans les formes statutaires.

l'acquéreur devienne de plein droit associé.

Des parts nouvelles ne sont émises par les SCPI à capital fixe, que lors des augmentations du capital. Le reste du temps, des parts ne peuvent être achetées que sur le marché secondaire.

4.2.6. Augmentation du capital en numéraire

Une SCPI augmente son capital par des apports en numéraire lorsqu'elle décide de construire ou d'acheter un nouvel immeuble[153]. Le prix d'émission des parts nouvelles est fixé par l'assemblée générale extraordinaire (dont le fonctionnement, le quorum et la majorité sont identiques à ceux qui régissent les SARL) en fonction de la valeur de réalisation de son patrimoine immobilier augmentée de celle des autres actifs, l'évolution du marché des parts, leur rentabilité. Outre la valeur nominale des parts, le prix d'émission inclut le plus souvent une prime d'émission (différence entre la valeur nominale des titres et leur prix d'émission, lui-même un peu inférieur à leur valeur vénale). Les parts nouvelles sont offertes en priorité aux anciens associés au moyen d'un droit de souscription attaché aux parts anciennes ; ils disposent d'un droit irréductible de souscription pendant une durée minimale de vingt jours[154].

Les parts qui subsistent sont souscrites à titre réductible

---

[153] En droit français, il est interdit aux SCPI d'emprunter. Le financement de travaux de rénovation, d'achat de nouveaux immeubles, ne peut procéder que de réserves ou d'augmentation du capital.

[154] Règle inspirée de celle qui figure sous l'article 577 de l'AUSCGIE : « Le délai accordé aux actionnaires pour l'exercice de leur droit préférentiel de souscription, ne peut être inférieur à vingt jours. Ce délai court à compter de la date de l'ouverture de la souscription. »

par les anciens associés ; le surplus est souscrit à l'initiative de la gérance, par exemple par un groupe de banques qui garantit la bonne fin de l'augmentation du capital : elle s'oblige à souscrire toutes les parts restées sans preneur, que ce soit à titre irréductible ou réductible ; en contrepartie, elle perçoit une « commission de garantie ».

À défaut d'une « garantie de bonne fin », consentie par une banque, lorsque toutes les parts nouvelles ne sont pas souscrites, le montant de l'augmentation du capital est ramené à celui qui a été effectivement souscrit[155].

Il conviendrait de décider que l'assemblée générale extraordinaire ne peut renoncer au droit préférentiel de souscription des anciens associés.

4.2.7. SCPI à capital et personnel variable

Lorsque la société est dite « à capital et personnel variables », ses statuts organisent le retrait des associés qui ne désirent pas vendre leurs parts. Les parts qui sont ainsi rachetées par la société, sont annulées. La société constitue donc un fonds de réserve prélevé sur ses bénéfices, destiné à financer le rachat des parts. Elle comptabilise la différence entre la valeur nominale des parts et le prix auquel elle les rachète dans un compte « écart de remboursement des parts » qui peut être soldé par décision de l'assemblée ordinaire annuelle des

---

[155] Règle inspirée de celle qui figure sous l'article 577, 1°, de l'AUSCGIE. Dans la mesure où la société envisage l'acquisition voire la rénovation d'un nouvel immeuble, l'échec partiel de l'augmentation du capital, apporterait un supplément inutile de liquidités, mais ne permettrait pas de réaliser le projet. La souscription d'un contrat de « garantie de bonne fin » nous semble une solution plus conforme à l'objectif visé.

associés par prélèvement sur les « primes d'émission des parts ».

Alors que la valeur des parts de SCPI à capital fixe peut, en principe, varier en fonction de la relation entre offres et demandes, celle des parts de SCPI à capital variable ne permet aucune spéculation : cette valeur est déterminée par la société gestionnaire, en fonction de la valeur du parc immobilier déterminée dans le plus récent rapport de l'expert. La SCPI à capital variable émet des parts nouvelles à tout moment en fonction de la demande. Elle peut être aussi conduite à réduire son capital si les associés la fuient, ce qui pourrait à terme, lui être néfaste.

4.2.8. Cession des parts et communication financière[156]

La société se charge de diffuser les intentions de vente pour aider les associés à vendre de gré à gré, au prix du marché. La gérance (société de gestion) peut intervenir dans la vente de parts ; elle perçoit alors une rémunération (de l'ordre de 4 % de la valeur des parts vendues).

AUSCGIE, art. 86 : « Toute société qui fait publiquement appel à l'épargne doit au préalable publier dans l'État partie du siège social de l'émetteur et le cas échéant dans les autres États parties dont le public est sollicité, un document destiné à l'information du public. Ledit document contient toutes les informations qui, compte tenu de la nature particulière de l'émetteur et des valeurs mobilières offertes au public ou admises à la négociation

[156] Observatoire de la communication financière, « Cadre de Communication Financière », *Cadre et pratique de communication financière*, Paris, 2013, pp. 22 sq.
http://www.pwc.fr/assets/files/pdf/2013/07/guide_ocf_juillet_2013.pdf

sur une bourse de valeur d'un État partie, sont nécessaires pour permettre aux investisseurs d'évaluer en connaissance de cause le patrimoine, la situation financière, les résultats et les perspectives de l'émetteur et des garants éventuels, ainsi que les droits attachés aux valeurs mobilières. Ces informations sont précisées par l'autorité compétente de chaque État partie et présentées sous une forme simple et compréhensible. »

Art. 86-1 : « Le document d'information comprend un résumé qui fournit des informations-clés, dans une formulation simple et concise et dans la langue dans laquelle le document d'information a été établi.
Le résumé est établi sous une forme standard sur un même marché boursier et présente sous une forme simple et compréhensible. Il doit également contenir les informations adéquates sur les valeurs mobilières concernées.
Le résumé comporte également un avertissement au lecteur lui indiquant :

- qu'il doit être lu comme une introduction au document d'information ;
- que toute décision d'investir dans les valeurs mobilières concernées, doit être fondée sur un examen exhaustif du document d'information par l'investisseur ;
- qu'engagent leur responsabilité civile les personnes qui ont présenté le résumé, si le contenu du résumé est trompeur, inexact ou contradictoire par rapport aux autres parties du document d'information ou s'il ne fournit pas, lu en combinaison avec les autres parties du document d'information, les informations essentielles permettant d'éclairer les investisseurs lorsqu'ils envisagent d'investir dans ces valeurs mobilières. »

Art. 94 : « Toute publicité ou autre communication à caractère promotionnel se rapportant à l'offre de valeurs mobilières au public ou à leur admission à la négociation en bourse des valeurs d'un État partie, respecte les principes énoncés ci-dessous. Ces principes ne s'appliquent que dans le cas où l'émetteur ou l'offreur sollicitant l'admission est soumis à l'obligation d'établir un document d'information.

Les publicités ou communications à caractère promotionnel relatives à l'opération, font référence à l'existence du document d'information visé et indiquent les moyens de se le procurer. Elles sont clairement reconnaissables en tant que telles et les informations qu'elles contiennent ne peuvent être erronées, ou prêter à confusion. Ces publicités ou communications doivent être aussi cohérentes avec les informations contenues dans le document d'information, si celui-ci a déjà été publié, ou avec les informations devant y figurer si celui-ci est publié ultérieurement.

Toute information diffusée oralement ou par écrit en ce qui concerne l'offre au public ou l'admission à la négociation sur une bourse des valeurs d'un État partie, même si elle n'a pas de visée promotionnelle, est cohérente avec les informations fournies dans le document d'information.

Lorsqu'aucun document d'information n'est requis au titre du présent Acte uniforme, les informations importantes fournies par un émetteur ou un offreur et adressées aux investisseurs qualifiés ou à des catégories spéciales d'investisseurs, y compris celles diffusées à la faveur de réunions ayant trait à des offres de valeurs mobilières, sont communiquées à tous les investisseurs qualifiés ou catégories spéciales d'investisseurs auxquelles cette offre s'adresse exclusivement. »

La société publie périodiquement la valeur théorique de ses parts, calculée en fonction du patrimoine immobilier (estimé par un expert immobilier indépendant) et de sa rentabilité nette (déterminée à partir des comptes certifiés par un commissaire aux comptes agréé par une autorité des marchés financiers (UEMOA, COSUMAF, etc.).

En principe, l'insolvabilité d'une SCPI est presque impensable, d'autant moins en droit français qu'il lui est interdit d'emprunter. Cependant, elle peut être tenue de requérir la notation d'une agence de notation financière[157] sinon tous les ans, au moins tous les trois ans, durée maximale d'appréciation de la solvabilité.

L'assemblée générale ordinaire annuelle ratifie les ventes d'immeubles décidées par la gérance. Elle fixe les conditions de distribution des bénéfices (périodicité et montant des acomptes ; régularisation). Les associés peuvent y être présents ou donner mandat à un tiers de les représenter ou voter par correspondance si les statuts le permettent.

AUDSGIE, art. 334 : « Chaque associé a le droit de participer aux décisions et dispose d'un nombre de voix égal à celui des parts sociales qu'il possède. [...] Un associé peut se faire représenter par son conjoint [...]. Sauf si les associés sont au nombre de deux, un associé peut se faire représenter par un autre associé. Il ne eput se faire représenter par une autre personne que si les statuts le permettent. »

Dans le cas qui nous intéresse, il est souhaitable que les

157 La notation par une agence de notation extra-financière nous semble superflue dans une telle activité.

associés puissent être représentés par toute personne de leur choix. Cela favorisera peut-être l'émergence d'ONG ou de cabinets spécialisés dans la défense des intérêts des minoritaires.

Outre les produits de l'exploitation immobilière (loyers, droits d'affichage, etc) les SCPI perçoivent des produits financiers dont le montant dépasse parfois 5 % du total des produits.

L'étendue du portefeuille immobilier d'une SCPI réduit le risque de loyers impayés qui peut, cependant, avoisiner 5 % du total facturé.

Les plus importantes SCPI sont créées par des groupes financiers spécialisés qui offrent les services nécessaires à la gestion des immeubles (sélection des locataires, recouvrement des loyers, entretien des immeubles, etc.). La société promotrice facture aux SCPI les prestations qu'elle met à leur disposition. Les relations entre la société promotrice et les SCPI qu'elle a lancées sont donc juridiquement complexes : initialement fondatrice et donc associée, la société de gestion ne dispose plus que d'un mandat éventuellement renouvelé par les assemblées d'associés.

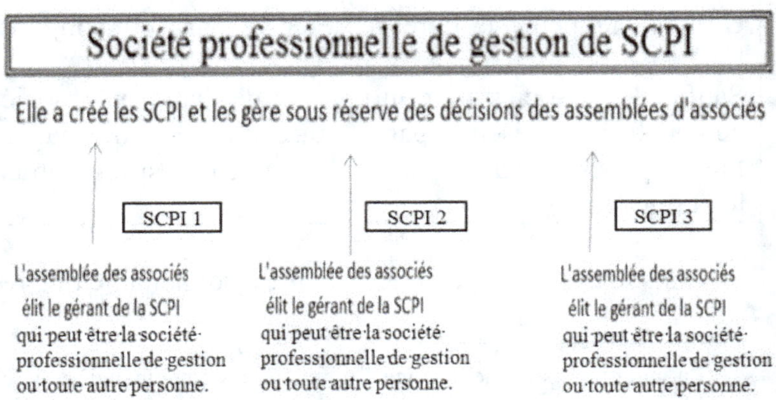

- la société promotrice crée la SCPI en vue de l'achat et de l'exploitation d'un ou de plusieurs immeubles ;
- la société promotrice vend la totalité des parts de la SCPI ;
- l'assemblée générale ordinaire de la SCPI élit le gérant (à moins qu'il soit désigné par les statuts) puis renouvelle son mandat et approuve sa rémunération. Dans la mesure où les associés de la SCPI sont satisfaits des services de la société promotrice, ils la maintiennent à ce poste. Pratiquement, rares sont les associés qui se présentent aux assemblées. Ici, comme dans la plupart des sociétés groupant des investisseurs financiers principalement préoccupés des dividendes, les assemblées sont des « chambres d'enregistrement »[158]. Seule l'intervention d'une ONG ou d'un cabinet spécialisé dans la défense des « petits porteurs » rompt cette monotonie : l'intervenant pose alors les questions nécessaires et transmets les réponses à ses mandants.
- la SCPI ne disposant d'aucun personnel salarié, l'assemblée des porteurs de parts approuve la proposition de la gérance aux termes de laquelle la société promotrice met à la disposition les personnels et moyens nécessaires à la gestion courante ; cette prestation est également facturée à la SCPI.

Faute de pouvoir acheter et vendre en bourse les parts de la SCPI, les investisseurs s'adressent à la société promotrice qui perçoit une commission sur les transactions faites par son intermédiaire. Pour « animer le marché », la société promotrice finance une publicité permanente

---

[158] *La Tribune*, 25 mars 2003, n° 24.465, p. 2. www.latrribune.fr / Dossiers

destinée à attirer de nouveaux investisseurs, ce qui maintient le prix des parts de la SCPI à un niveau relativement élevé.

4.3. Enregistrement des cessions de parts ou d'actions

Il convient de distinguer trois types de sociétés immobilières :

- celles qui ont été constituées à l'initiative d'un promoteur, dont les parts ou actions ouvrent droit à l'attribution d'un ou plusieurs lots ; ces sociétés ont le plus souvent la forme de SCI ; la cession de leurs parts ou actions entraînent celle du ou des lots immobiliers qui sont attachés ; elles sont dissoutes dès que le chantier a été livré et que toutes les parts sont vendues pour céder la place à des copropriétés ou à des propriétés individuelles de villas ;
- celles qui ont été créées pour financer un immeuble donné à bail à un locataire unique (dissociation de l'investissement immobilier et de l'investissement commercial ou industriel), les SCII ;
- celles qui ont été créées en vue de réaliser des profits et de les partager entre leurs associés (SCPI) ou actionnaires (SAPI) ; ces profits proviennent essentiellement de la location des immeubles acquis par la société et, accessoirement, des plus-values réalisées par leur vente ; la pérennité de ces sociétés est indépendante des fluctuations de leur portefeuille d'immeubles ; les parts ou actions constituent des placements financiers au même titre que ceux qui sont réalisés en titres de sociétés industrielles.

4.3.1. Cession de parts donnant droit à un ou plusieurs lots immobiliers

Dans une société immobilière d'attribution ou de copropriété, les actions ou les parts donnent aux actionnaires ou associés, vocation à la jouissance ou à la propriété d'immeubles ou de fractions d'immeubles. Dans ces conditions, la cession de tels droits portant sur un ou des immeubles déterminés, est passible, en Côte d'Ivoire, du droit de mutation des immeubles : « Les cessions d'actions ou de parts d'intérêts conférant à leur possesseur le droit à la jouissance ou à la propriété d'immeubles ou fractions d'immeubles autres que les premières pratiquées dans le cadre du décret n° 49-259 du 23 février 1949, sont assujetties au droit proportionnel prévu au présent article. »

Ce droit proportionnel s'applique également aux cessions à titre onéreux de valeurs mobilières ou de droits sociaux de sociétés à prépondérance immobilière qui ne sont pas admises à la cote officielle à la bourse des valeurs d'Abidjan ou à une bourse étrangère.

Sont considérées comme sociétés à prépondérance immobilière, les sociétés dont l'actif est constitué pour plus de 75 % de sa valeur par des immeubles ou des droits portant sur des immeubles.

Ne sont pas pris en considération, les immeubles directement affectés par la société à sa propre exploitation industrielle, commerciale, agricole ou à l'exercice d'une profession non commerciale. Ces immeubles s'entendent exclusivement des moyens permanents d'exploitation, à l'exclusion des immeubles donnés en location, des immeubles en stock et des immeubles qui correspondent à un placement de capitaux.

Pour l'appréciation du pourcentage de 75 %, les éléments d'actif sont estimés à leur valeur vénale à la date de la cession.[159] »

4.3.2. Cession de parts de SCPI sans relation avec un quelconque patrimoine immobilier

L'administration fiscale ivoirienne a « constaté que certaines personnes constituaient des sociétés dont l'actif est essentiellement composé d'immeubles dans le seul but de faire échec à l'exigibilité des droits de mutation. Ces immeubles sont cédés en franchise d'impôt sous couvert de cessions de droits sociaux. Il importe de remédier à cette situation en soumettant les cessions de droits sociaux des sociétés à prépondérance immobilière au droit proportionnel de 10 % ».

Cette règle vise à faire échec à l'évasion fiscale liée à la mutation d'un immeuble.

Elle alourdit le coût des mutations de parts de sociétés de placement immobilier, ce qui est regrettable, car cela peut en freiner la création. Il est donc nécessaire que les porteurs des parts de telles sociétés dont la cession ne porte jamais sur plus de 10 % du capital de la société, bénéficient d'un régime de fiscal plus favorable, tel qu'un droit d'enregistrement égal à 1 % de l'opération.

Dans le même but, comme il a été écrit plus haut, ces cessions de parts doivent pouvoir être effectuées sous signatures privées.

---

[159] Annexe fiscale à la loi de finances, gestion 1996, art. 7 (JORCI, 16 mai 1996). Le même texte figurait déjà dans

4.4. Société anonyme de placement immobilier (SAPI)

Les obstacles qui ralentissent la cession des parts des sociétés civiles, freinent leur développement. C'est pourquoi les spécialistes ont créé des sociétés de placement immobilier de forme anonyme dont les actions peuvent être introduites en bourse. Leur cours est fixé par la rencontre des offres et des demandes ; il appartient aux dirigeants d'informer le marché de la bonne marche de la société, de sa rentabilité, du taux élevé d'occupation et de celui, très bas, des impayés, pour inciter les investisseurs à s'intéresser aux actions de leur société.

La nature des sociétés anonymes de placement immobilier, leur permet d'avoir accès au marché financier sous réserve, pour le moins, que leurs comptes aient été certifiés par un commissaire aux comptes et qu'elles présentent un rapport de notation établi par une agence de notation financière agréée, fondé « sur des critères comptables, de gestion, d'examen des risques, de perspectives économiques, etc[160]. » On peut y ajouter la nécessité de l'évaluation de leur patrimoine par un expert immobilier.

Ces sociétés se conforment aux dispositions de l'Acte uniforme révisé portant droit des sociétés et des GIE, sous réserve d'y ajouter :

- La désignation d'un expert immobilier agréé par une autorité des marchés financiers, chargé d'évaluer chaque année le patrimoine immobilier qui est comptabilisé dans les conditions fixées par la norme

---

[160] Cyril BOISNIER, *Une ville gouvernée par la notation financière et extra-financière ?*, 2013, p. 4.
https://hal.archives-ouvertes.fr/file/index/docid/880402/filename/Article_Agences_de_notation_CB.pdf

internationale IAS40 et particulièrement les paragraphes 33 à 51 de ladite norme, de telle sorte que leurs « capitaux propres » soient un très bon estimateur de la valeur vénale de ces sociétés, donc de celle des parts qui composent leur capital ;

- La désignation de deux commissaires aux comptes agréés par une autorité des marchés financiers (UEMOA, COSUMAF, etc.) ;
- Le recrutement d'un auditeur interne dont le rôle est déterminé par la norme internationale d'audit financier ISA 200 ;
- Être notée par une agence de notation financière agréée par une autorité des marchés financiers (UEMOA, COSUMAF, etc.), au moins tous les trois ans.

Il est vivement souhaitable que les SAPI prennent la forme de sociétés à directoire et conseil de surveillance dans lesquelles :

- Le conseil de surveillance de trois à dix-huit membres est élu par les actionnaires pour une durée maximale de six années ; il se réunit chaque trimestre et élit les membres du directoire ; il élit en son sein un « comité d'audit » chargé de recruter l'auditeur interne financier et d'en recevoir les rapports ;
- Le directoire qui peut ne comporter qu'un membre, la société de gestion.

Elles investissent dans l'immobilier locatif, qu'il soit à usage d'habitation bourgeoise, de bureaux ou de commerce. Comme les SCPI, elles disposent d'un patrimoine diversifié, même si elles se spécialisent dans un ou plusieurs créneaux du marché pour des raisons d'efficacité et de rentabilité. Leur gestion est comparable à celle des SCPI.

4.5. Actions des SAPI

Comme il est usuel, les actions de ces sociétés anonymes ne sont pas assujetties à l'enregistrement. Leur cession n'est pas subordonnée à la rédaction d'un acte. Si les actions sont nominatives, le bordereau de transfert est exonéré du droit d'enregistrement.

4.6. Valeur des parts d'une SCPI et SAPI

La valeur vénale des immeubles est expertisée chaque année pour le calcul de la valeur des parts des SCPI et actions des SAPI. Il convient de rapprocher le taux d'évolution de la valeur vénale du portefeuille immobilier à patrimoine constant, de celui de l'inflation pour déterminer l'évolution de la valeur de l'actif exprimée en francs constants, qui est directement fonction de la tendance du marché (forte demande insatisfaite, saturation ou dépréciation du quartier). Ce taux peut être très sensiblement différent selon les créneaux du marché (immeubles commerciaux, immeubles d'habitation populaires, immeubles d'habitation de grand standing, etc) et selon l'implantation géographique. Il peut être nécessaire de se débarrasser d'un immeuble mal situé dans un créneau saturé pour reporter son investissement vers un autre emplacement ou un autre créneau.

La rentabilité d'un immeuble s'apprécie en fonction de sa valeur de marché actuelle. La rentabilité des parts d'une SCPI ou d'une SAPI s'apprécie en tenant compte de la valeur estimée de son patrimoine (expertise).

Cette « valeur objective » des parts et actions, n'exclut pas la « valeur subjective » qui résulte de la relation entre offres et demandes d'un titre déterminé.

BIBLIOGRAPHIE

Avant-propos

CHOSSUDOVSKY Michel, *Towards a World War III Scenario: The Dangers of Nuclear War,* 2014
HAYEK Friedrich, *Droit, législation et liberté*, PUF, Paris, 1980.
La constitution de la liberté, PDF, p. 64
Université de Sherbrooke, *Perspective Monde*

Chapitre 1er - Une forme d'État qui tient compte des particularités locales : une République fédérale

BETTATI Mario, *Le droit d'ingérence humanitaire*, Éditions Odile Jacob, Paris, 1996
Charte des Nations unies
Constitution de la Côte d'Ivoire de 2000
Constitution française de 1958
DELACAMPAGNE Christian, *Histoire de l'esclavage. De l'Antiquité à nos jours*, Le livre de poche, Paris, 2002
De VOLDER Jan, « Jos la maudite », in *Le livre noir de la condition de Chrétiens dans le monde* sous la direction de Jean-Michel di Falco, Timotyy Radcliffe, Andrea Riccardi, XO Éditions, Paris, 2014
DRONNE Raymond, *Vie et mort d'un empire*, France-Empire, Paris, 1989
FRIEDMAN David (trad. Françoise Liégeois), *Vers une société sans État* [« *The Machinery of Freedom* »], Les Belles Lettres, Paris, 1992

GARRIER Claude, *L'exploitation coloniale des forêts de la Côte d'Ivoire – Une spoliation institutionnalisée*, L'Harmattan, Paris, 2006
GIOCANTI Stéphane, *Maurras – Le chaos et l'ordre*, éd. Flammarion, 2006
MATHIEZ Albert, *La révolution française - chute de la royauté – La Gironde et la Montagne – La Terreur*, Éd. La Manufacture, Lyon, 1989
OUCH Channora et YOUK Bunna, « La notion d'État de droit », DEA d'Administration Publique, Université Lumière Lyon 2, France.
PEYREFITTE Alain, *C'était de Gaulle*, tome II, Paris, Éditions de Fallois/Fayard, 1997
REICH Wilhelm, *La Psychologie de masse du fascisme*, Payot, 1999
STRAUSS Léo, trad. Olivier Sedeyn, *Qu'est-ce que la philosophie politique ?*, PUF, 1992
VENNER Dominique, *De Gaulle, la grandeur et le néant*, Monaco, Éditions du Rocher, 2004
VOGEL Anja, « "Sauvegarde de l'État de droit" en Pologne : l'UE et Varsovie dialoguent », 24 janvier 2016, http://www.franceinfo.fr/emission/en-direct-de-l-europe/2015-2016/sauvegarde-de-l-etat-de-droit-en-pologne-l-ue-et-varsovie-dialoguent-24-01-2016-05-09

Chapitre II – Quelles conditions juridiques favorisant un réel développement

BELLET Pierre, « Des arbitres neutres et non neutres » *in* Christian Dominicé, Robert Patry et Claude Reymond, *Études de droit international en l'honneur de Pierre Lalive*, Éd. Hehing & Lichten hahn, Francfort-sur le Main, 1993
BUTRUILLE-CARDEW Charlotte, *l'Observateur de Bruxelles*, n° 67, Janvier 2007

BUTRUILLE-CARDEW Charlotte, *Gazette du Palais*, 21-22 novembre 2008

Commission GUINCHARD, Rapport, 30 juin 2008

Côte d'Ivoire, ministère de l'Agriculture, *Termes de référence – Étude sur la location et la vente de terres rurales en Côte d'Ivoire*, non daté

EHRARD Ludwig, *La prospérité pour tous*, Préface de Jacques Rueff, Plon, Paris, 1959

EUCKEN Walter, *The Foundations of Economics*, Springer-Verlag, Berlin, 1992

GAILLARD Emmanuel, *On International Commercial Arbitration*, ed Kluwer, 1999

GARRIER Claude, *L'exploitation coloniale des forêts de la Côte d'Ivoire – Une spoliation légalisée*, L'Harmattan, Paris, 2006

Côte d'Ivoire et zone OHADA – Gestion immobilière et droit foncier urbain, L'Harmattan, Paris, 2007

Géostratégie des entreprises, L'Harmattan, Paris, 2014.

Maîtrise de l'intelligence artificielle, Marabout université, Alleur (Belgique), 1991

JHERING Rudolf von, *L'évolution en droit*, traduction de Zweck im Recht, O. de Meulenaere, Paris, 1901

KRUGMAN Paul et OBSTFELD Maurice, *Économie internationale*.8ème édition, Nouveaux Horizons, ARS, Paris 2010

LEY Albert, *Le régime domanial et foncier et le développement économique de la Côte d'Ivoire*, coll Bibliothèque africaine et malgache XVIII, Librairie générale de droit et de jurisprudence, Paris

Ministère de l'Agriculture (Côte d'Ivoire), *Termes de référence – Étude sur la location et la vente de terres rurales en Côte d'Ivoire*, non daté

MONZER Makhous, *Pétrole et développement dans le monde arabe : des révolutions en chaîne*, L'Harmattan, Paris, 2011
RIVÉRO Jean, *Droit administratif*, Dalloz, Paris, 1990
SALES Hubert, « Audit », *Encyclopædia Universalis* France, 1999.
SCHUMPETER Joseph, *Capitalisme, socialisme et démocratie,* 1942
SPITZER Delia, « La pratique des contrats américains », PDF, 8 décembre 2009
SUSKIND Ron, *The Price of Loyalty : George W. Bush, the White House, and the Education of Paul O'Neill*, Simon & Schuster, 2004
THACKER Ronald J., *Accounting principles*, Prentice-Hall Inc., Englewoods Cliffs, New Jersey, 1976
WARDE Ibrahim, *Propagande impériale et guerre financière contre le terrorisme*, Agone/Le Monde diplomatique, Paris, 2007

Chapitre III - Financer l'entreprise sans emprunt ni apport

Textes de droit

Acte uniforme révisé relatif au droit des sociétés commerciales et du groupement d'intérêt économique
Acte uniforme révisé portant droit commercial général
Code civil de Côte d'Ivoire

Autres ouvrages

Code IFRS – Normes et interprétations, Groupe Revue fiduciaire, Paris, 2012
Cour Commune de Justice et d'Arbitrage, *Règlement de procédure*

DAYAN Armand, *Manuel de gestion*, vol. 1, Ellipses/AUF, Paris, 1999
Manuel de gestion, vol. 2, Ellipses/AUF, Paris, 1999
DUPLAT Claude-Annie, *Analyser et maîtriser la situation financière de son entreprise*, Vuibert, Paris, 2004
RAIMBOURG Philippe et BOIZARD Martine, *Ingénierie financière, fiscale et juridique*, Dalloz, Paris, 2009
RIFKIN Jérémy, *Quand les marchés s'effacent devant les réseaux*, in *Le Monde diplomatique*, juillet 2001, p. 22
ROCCHI Jean-Michel, « Financement de projet et d'actif (project & asset finance) », *in MBA Finance*, Eyrolles, Paris, 2010,

Chapitre IV – Financer un immobilier répondant à l'évolution de la démographie : Les sociétés d'exploitation d'un patrimoine immobilier

Textes de droit

Acte uniforme révisé relatif au droit des sociétés commerciales et du groupement d'intérêt économique
Acte uniforme révisé portant droit commercial général
Code civil

Autres ouvrages

Andlil, *Le principe de diversification en gestion de portefeuille* ; http://www.andlil.com/le-principe-de-diversification-en-gestion-de-portefeuille-144575.html
BERTIN Élisabeth, *Audit interne : Enjeux et pratique à l'international*, Eyrolles, Paris, 2007
BOISNIER Cyril, *Une ville gouvernée par la notation financière et extra-financière ?*, 2013, https://hal.archives-ouvertes.fr/file/index/docid/880402/filename/Article_Agences_de_notation_CB.pdf

CGI, *Analyse prédictive – L'essor et la valeur de l'analyse prédictive dans la prise de décision*, pdf https://www.cgi.com/sites/default/files/white-papers/analyse-predictive.pdf
CHERIF Mondher, DUBREUILLE Stéphane, *Création de valeur et capital-investissement*, Pearson Education, 2009
Code IFRS – Normes et interprétations, Groupe Revue Fiduciaire, Paris, 2012
Éditions Francis Lefebvre, *Évaluation*, Paris, 2005
Guide de l'actionnaire salarié (Les placements immobiliers en vue de la retraite), Paris, FAS, 2007
HOESLI Martin, *Investissement immobilier et diversification de portefeuille*, Economica, Paris, 1993
Journées des alternatives urbaines, « Stratégies foncières et immobilières des grands propriétaires et investisseurs collectifs », 3 mai 2013, http://alternativesurbaines.ch/wp-content/uploads/AlterUrbaines_Strategies_foncieres.pdf
MANDELBROT Benoît. *Fractales, hasard et finance*, Flammarion, Paris, 1959, 1997
MARKOWITZ Harry (1952). Portfolio Selection, *Journal of Finance*, 7 (1), 77-91
MARTY Guy, *C'est l'épargne qui a raison, L'aventure des SCPI, Secrets et mode d'emploi*, Paris, Economica, 1992
Norme internationale d'audit 610 – Utilisation des travaux des auditeurs internes, https://www.cncc.fr/sections/documentation_profes/documentation_de_ref/norme_et_doctrine_pr/normes_international/utilisation_des_trav/isa_610_utilisation/downloadFile/attachedFile/ISA_610-_Juin_2012.pdf%3Fnocache%3D1340117662.11
Observatoire de la communication financière, « Cadre de Communication Financière », *Cadre et pratique de communication financière*, Paris, 2013, pdf,

http://www.pwc.fr/assets/files/pdf/2013/07/guide_ocf_juillet_2013.pdf
SWENSEN David, *Gestion de portefeuilles institutionnels*, Maxima Laurent Du Mesnil, Paris, 2009
THIOLLET Jean-Pierre, *Le Guide des SCPI -Sociétés civiles de placement immobilier*, Paris, Axiome, 2000

L'HARMATTAN ITALIA
Via Degli Artisti 15; 10124 Torino
harmattan.italia@gmail.com

L'HARMATTAN HONGRIE
Könyvesbolt ; Kossuth L. u. 14-16
1053 Budapest

L'HARMATTAN KINSHASA
185, avenue Nyangwe
Commune de Lingwala
Kinshasa, R.D. Congo
(00243) 998697603 ou (00243) 999229662

L'HARMATTAN CONGO
67, av. E. P. Lumumba
Bât. – Congo Pharmacie (Bib. Nat.)
BP2874 Brazzaville
harmattan.congo@yahoo.fr

L'HARMATTAN GUINÉE
Almamya Rue KA 028, en face
du restaurant Le Cèdre
OKB agency BP 3470 Conakry
(00224) 657 20 85 08 / 664 28 91 96
harmattanguinee@yahoo.fr

L'HARMATTAN MALI
Rue 73, Porte 536, Niamakoro,
Cité Unicef, Bamako
Tél. 00 (223) 20205724 / +(223) 76378082
poudiougopaul@yahoo.fr
pp.harmattan@gmail.com

L'HARMATTAN CAMEROUN
BP 11486
Face à la SNI, immeuble Don Bosco
Yaoundé
(00237) 99 76 61 66
harmattancam@yahoo.fr

L'HARMATTAN CÔTE D'IVOIRE
Résidence Karl / cité des arts
Abidjan-Cocody 03 BP 1588 Abidjan 03
(00225) 05 77 87 31
etien_nda@yahoo.fr

L'HARMATTAN BURKINA
Penou Achille Some
Ouagadougou
(+226) 70 26 88 27

L'HARMATTAN SÉNÉGAL
10 VDN en face Mermoz, après le pont de Fann
BP 45034 Dakar Fann
33 825 98 58 / 33 860 9858
senharmattan@gmail.com / senlibraire@gmail.com
www.harmattansenegal.com

L'HARMATTAN BÉNIN
ISOR-BENIN
01 BP 359 COTONOU-RP
Quartier Gbèdjromèdé,
Rue Agbélenco, Lot 1247 I
Tél : 00 229 21 32 53 79
christian_dablaka123@yahoo.fr

Achevé d'imprimer par Corlet Numérique - 14110 Condé-sur-Noireau
N° d'Imprimeur : 131925 - Dépôt légal : septembre 2016 - *Imprimé en France*

www.ingramcontent.com/pod-product-compliance
Lightning Source LLC
LaVergne TN
LVHW011022061026
849535LV00006B/2019